Religiões e Filosofias

EDGARD ARMOND

Religiões e Filosofias

Editora Aliança

Série Edgard Armond, cultura espírita - direitos reservados: Editora Aliança

(1ª edição, 1956 = 2.000; 2ª edição, Ed. Aliança, 1980 = 3.000)
3ª edição, 1ª reimpr. out/2004, do 11º ao 15º milheiro

Título

RELIGIÕES E FILOSOFIAS

Autor

Edgard Armond

Revisão

Maria Aparecida Amaral e Brigitte Amaral

Editoração

MMS

Capa

Elifas Alves

Impressão

Vida e Consciência Editora e Gráfica Ltda.

ficha catalográfica

Armond, Edgard, 1894-1982
A763r Religiões e Filosofias / Edgard Armond
3ª edição – São Paulo: Editora Aliança – 1999
192 págs.

1. Espiritismo 2. Religião 3. Filosofia I. Edgard Armond II. Título

CDD - 133.9

EDITORA ALIANÇA

Rua Francisca Miquelina, 259 - Bela Vista - São Paulo - SP
CEP 01316-000 - Fone: 3105.5894 - Fax: 3107.9704
e-mail: alianca@alianca.org.br

ÍNDICE

Preâmbulo

Para completar os programas das Escolas de Aprendizes do Evangelho fundados em 1950, enriquecer a cultura doutrinária dos aprendizes e dos membros da Fraternidade dos Discípulos de Jesus criada em 1954, escrevemos em 1956 os livros *Religiões* e *Filosofias* que nesta nova edição estão reunidos em um só volume. As matérias contidas nestes livros formam os pontos do currículo escolar.

Segundo dissemos naquela ocasião e repetimos hoje, 22 anos depois, os espíritas devem se esforçar para possuírem cultura geral e doutrinária que lhes permita uma vivência digna e nobre e o exercício de suas atividades com desembaraço e segurança no meio social, no seio do qual lhes cabe difundir a doutrina e dar testemunho evangélico.

Ao considerar tais circunstâncias é conveniente passar uma vista de olhos às religiões e filosofias existentes na Terra para conhecer suas origens e finalidades, o papel que desempenham na vida e os benefícios que prestam às populações do planeta que habitamos.

Como essas religiões e filosofias são inúmeras, convém desprezar tudo o quanto represente derivações, ramificações, desdobramentos atendo-nos unicamente às linhas tronco e às matrizes. Desta forma remontaremos, num trabalho simplesmente seletivo às fontes originais donde fluiu o conhecimento espiritual para o mundo como o vemos hoje.

Cada uma dessas fontes, como se sabe, possui uma parcela da verdade, conquanto julgue possuí-la toda e assim, tomando umas e outras se poderia, a qualquer tempo, adquirir uma porção maior, juntando o que está esparso aqui e ali.

Porém esse não é nosso trabalho de agora. Queremos somente passar em revista essas fontes até chegar ao espiritismo que, de todas elas, é a última e a melhor dotada de subsídio iniciático, por não ser obra de homens.

Vamos em primeiro lugar examinar as religiões, que discriminaremos na seguinte ordem: o totemismo, as trilogias chinesa e hindu, o masdeísmo, o judaísmo, o islamismo e finalmente, o cristianismo.

S. Paulo, fevereiro 1980.

O Autor

RELIGIÕES

I

O Totemismo

É a religião dos povos selvagens: negros da África, silvícolas americanos, esquimós, populações aborígenes de continentes e ilhas orientais que somam milhões de adeptos.

Consiste no culto de animais e vegetais, de antepassados e de forças divinizadas da Natureza.

Nesta religião essencialmente primitiva, os adeptos se julgam associados a seres animais e vegetais ou, mesmo, a fenômenos e elementos naturais como o sol, a água, o trovão, o raio, etc. Todos se crêem ligados entre si, na pessoa de um antepassado heróico, que tanto pode ser um homem, como um animal, como uma planta.

Formam-se assim agrupamentos, clãs, mais ou menos numerosos denominados, por exemplo: clã do corvo, clã da serpente, clã do pinheiro, etc.

O antepassado totem é venerado pelo clã e torna-se um tabu (coisa sagrada, inviolável), que não pode ser morto, nem comido, nem tocado, ou destruído de maneira alguma. É o instrutor, o protetor do clã, o intermediário entre os homens e a força ou coisa que está além dos homens. Consultam-no nas dificuldades, fazem-lhe oferendas, criam-lhe ritos e cerimônias como sucede em qualquer outra religião. Como esses ritos e cerimônias são sempre presididos por feiticeiros, é fácil compreender que estes são os médiuns por via dos quais os espíritos desencarnados atuam entre esses povos.

Esta é a religião da idolatria do homem nos albores da inteligência, quando ainda impera o instinto, quando apenas desponta a Razão. É a religião dos povos espiritualmente primários.

Numa forma um pouco mais avançada, isto é, de homens um pouco mais civilizados, entretanto, o totemismo manifesta a existência de espíritos protetores que, evocados por feiticeiros e sacerdotes, produzem a chuva, conjuram encantos, curam doenças, atam e desatam laços amorosos; neste ponto já não existe mais a crença do parentesco, já se desfizeram os laços da intimidade pessoal e o homem reconhece nesses espíritos entidades hierarquicamente superiores. Por causa da ignorância crêem, então, em práticas de plena feitiçaria e magia negra.

Avançando um pouco mais, essas entidades são postas em rigorosa hierarquia: deuses, gênios, semideuses, representando ou simbolizando, ora elementos naturais como chuva, sol, ventos; ora movimentos sociais como produção, destruição, guerra; ora sentimentos afetivos, passionais ou artísticos, tudo já do campo extremamente interessante da mitologia. Estude-se a mitologia grega, a romana, a bramânica, a escandinava e outras e se poderá conhecer detalhes dessa interessante fase evolutiva da religiosidade humana primitiva.

✦

O clã do urso ou do lobo pensa que descende desses animais, tendo sempre havido um urso ou um lobo excepcionais que criaram a família.

Pensam que no princípio andavam de quatro mas que,

aos poucos, com o correr do tempo, vieram vindo para o reino do homem, perdendo a cauda (coisa aliás que lamentam muito) e que essa perda foi por causa do hábito que adquiriram de sentar-se como os homens.

No Peru, os indígenas pensam que descendem de águias e condores; na África, de rinocerontes, elefantes, hipopótamos etc., e em muitas tribos há a crença totêmica de que muitos deles descendem de mulheres que se uniram aos totens animais, protetores do clã ou da tribo.

Outros dizem que descendem de aves e peixes, ou ainda de pinheiros, carvalhos e palmeiras.

O totem é sempre um tabu, salvo no caso de fome quando, então, preenchidas certas regras, pode ser tocado e comido.

É também crença entre eles que quando um homem infringe as leis totêmicas e fere um totem, pode adoecer e até mesmo morrer, mesmo quando não o haja feito propositadamente.

Alguns chefes, mais inteligentes e práticos, declaram totens somente partes do corpo como, por exemplo, a cabeça, para que assim possam, sem castigo, comer o resto.

Outros pensam que, com a morte, certos homens se transformam no totem do clã ou da tribo; por exemplo, no animal, no vegetal ou na coisa ou objeto que é o totem venerado.

Na parte social há leis que proíbem casamentos no mesmo clã ou tribo e também contratos entre tribos, no sentido de poderem uns matar e comer os totens dos outros, medida esta que evita muitas guerras e violências.

O totem dá força mágica ao homem que protege e assim,

os feiticeiros, que interpretam os casos e fazem as cerimônias do culto, adquirem grande prestígio.

Os totens são desenhados ou esculpidos por toda parte, mormente em postes, que se colocam à entrada de aldeias ou residências.

Os totens, em muitos casos, quando animais, são alimentados pelos clãs e muitas vezes convivem com os homens. Assim o clã do cachorro vermelho possui cachorros vermelhos em grande quantidade; cada casa possui um; os cãezinhos recém-nascidos são, muitas vezes, amamentados por mulheres que pensam, assim, permanecer nas boas graças do totem.

Quando morre o totem, ele é chorado por todos e enterrado com todas as honras concedidas aos homens da tribo.

Como pensam que o totem compreende a linguagem deles, quando falam mal do totem, os homens o fazem escondidos e em voz baixa.

Quando um homem fica de cabelos brancos dizem que ofendeu, feriu ou matou o totem do clã; mesmo em defesa própria não pode o homem matar o totem, a não ser com consentimento deste, o que os indígenas, aliás, sabem como obter. Caso não ocorra o acontecimento desta forma, o homem inevitavelmente será expulso da tribo.

Quando nasce uma criança, de certas tribos da África, ela é posta junto do totem, para se ver como este a recebe. Por exemplo: se o totem é a serpente, colocam a criança junto dela; se a serpente não a toca nem a morde, compreendem que o filho é legítimo, e ilegítimo, em caso contrário.

Os totens dão aviso, entrando nas casas, nos terreiros das tribos, ou voando sobre eles, quando há ameaças de desgraças iminentes, guerras, epidemias, etc.

Quando o totem fica impertinente e começa, por exemplo, a comer a plantação da tribo, há muitos processos engenhosos para chamá-lo à razão: deixam-no amarrado, com cuidado, e não lhe dão comida enquanto ele não promete interromper a devastação. A conversa é sempre feita por intermédio do feiticeiro da tribo.

Nos nascimentos, a criança é tatuada com o desenho do totem, o mesmo acontecendo com todos os homens e mulheres. No casamento a noiva é presenteada com um animal totem, consagrado pelo feiticeiro, mas se o totem é vegetal a cerimônia se realiza junto dele ou à sua sombra.

As danças que se celebram nessa ocasião são compartilhadas pelos totens, representados por homens fantasiados.

Quando morrem são envoltos na pele do totem ou em uma pele símbolo, que o representa.

✦

O estudo do totemismo é importante porque grande parte da humanidade já passou por essa fase, daí tomando rumos inumeráveis no terreno das crenças, até a mais alta compreensão espiritual, como o espiritismo.

✦

O totem nunca é um ser isolado: é sempre um conjunto ou uma família de animais ou plantas.

Pode ser de tribo (clã-totem), de indivíduo (gens-totem) e de sexo (sex-totem).

O primeiro é cultuado por toda a tribo e normalmente contém os totens secundários de indivíduos e de sexo.

O segundo é cultuado pelo indivíduo e tem suas regras e limites e o último, o de sexo, é cultuado pelos moços e moças da tribo; regula e protege as coisas referentes ao amor entre eles.

✦

O totemismo é um sistema de caráter religioso e social. Religioso quando o totem protege o homem e este lhe rende culto; social quando o totem serve para estabelecer e manter relações amistosas entre diferentes clãs e tribos, possibilitando intercâmbio entre eles.

O totem social visa ampliar a área social do clã no espaço, propagando a sociedade deles e o totem religioso visa orientar num mesmo sentido os impulsos sempre primitivos e violentos do homem.

O totemismo é, pois, uma ponta do arco e o espiritismo é outra; o totemismo é o primeiro degrau da subida e o espiritismo é o último, neste mundo e nesta fase evolutiva, bem entendido, desde que se o considere como nós o consideramos, uma cúpula de todas as doutrinas e cultos e não uma seita em si mesmo.

II

A Trilogia Chinesa

A antigüidade da civilização chinesa vai além de 10 mil anos; veio da Quarta Raça, na Atlântida, pela emigração dos turanianos.

O fundamento de sua religião nacional está nas obras de três sábios: Fo-hi, Lao-tsé e Kongtzeu (Confúcio), que viveram em épocas muito recuadas da história: o primeiro, como imperador, a partir de 3468 a.C.; o segundo 604 a.C. e o último 478 a.C. Mais tarde com a introdução do budismo, três passaram a ser as religiões da China: o confucionismo, o taoísmo e o budismo.

Fo-hi

A obra de Fo-hi é pouco conhecida e dela só o livro chamado *I Ching*, contendo figuras, símbolos e trigramas, de significação obscura. Em todo seu reinado esse sábio empregou seu poder para espalhar o conhecimento das virtudes e dos dons morais entre o povo.

Lao-tsé

Lao-Tsé deixou obra mais vasta, porém somente três de seus livros chegaram ao conhecimento do homem moderno: o *Tao*, ou o *Livro da Senda*; o *Te*, o *Livro da Virtude* ou da

Retidão e o *Kang Ing*, o *Livro das Sanções* ou das Reações concordantes. Cada livro é um código de moral.

Comparemos.

Na primeira obra ele diz: "o sábio que está no céu, isto é, cujo espírito está desprendido da matéria, obteve uma vida longa e é lá no Alto que seus trabalhos merecem a grande paz. É calmo no sulco que para si traçou. Não procura tornar-se conhecido. Não perde o seu tempo em procurar a glória vã, em ofuscar aqueles que estão em torno dele. Seu caminho sobe para o Templo da Sabedoria; ele caminha com um passo igual; sempre avança e se eleva, descuidoso daquilo que não é para a assistência de seus irmãos e de sua própria perfeição. É pois desenvolvendo em si mesmo as suas qualidades que o sábio é admitido para atingir a Senda.

Essas qualidades são a paciência, a esperança, a humildade.

A Senda não se alcança senão pela totalidade prática das virtudes e não pode ser encontrada senão pelo próprio indivíduo".

Na segunda obra ele preconiza a discrição, a reflexão, a meditação solitária e íntima, a abstenção dos rumores e das atrações do mundo.

Na terceira, enfim, refere-se ao papel da vontade, à lei da ação e da reação (carma); às forças e entidades invisíveis que exercem poder sobre a vida humana encarnada, aumentando ou diminuindo sua duração; fala sobre as experiências e as provas, que diminuem o número de vidas terrestres e, para ganhar o céu, deve-se fazer o apelo à pobreza, à desgraça, aos suplícios, às catástrofes, que despojam a alma de sua materialidade e a conduzem para a liberdade espiritual, através da morte.

Neste ponto este ensinamento se aproxima do budismo.

No sentido popular ou religioso, o taoísmo propaga o culto dos ídolos, cada cidade tendo seu deus, o mesmo acontecendo com as casas, as montanhas, os rios, etc.

Como se vê, mesmo nessa época remotíssima Lao-tsé transmitia conhecimentos de alto valor moral sendo, na realidade, um verdadeiro missionário.

Confúcio

Confúcio, que veio um pouco mais tarde, comentou a obra de seus antecessores, tirando delas os melhores ensinamentos de caráter moral que, até hoje, dominam entre o povo.

Confúcio foi mestre do povo e ministro de alguns governos cujos cargos aceitava para poder exemplificar e oficializar os seus ensinos.

Manifestou o equilíbrio que existe entre os poderes do céu e da terra, entre o homem e a natureza. Como fundamento ou imagem deste equilíbrio criou em sua época o culto da adoração do céu — Tian; da adoração do imperador superior — Shangti — (poder criador); e da adoração de diferentes espécies de espíritos celestes, terrestres e humanos, sendo que estes últimos são os antepassados dos vivos. Nesse culto dos antepassados passou então a repousar grande parte da religião chinesa que tem, assim, um cunho nitidamente imortalista.

O antepassado é sem cessar invocado, consultado sobre assuntos de importância, sobre moléstias, uniões matrimoniais, etc. Fazem a esses espíritos protetores oferendas diversas e sacrifícios de animais e seguem-lhe religiosamente os conselhos e opiniões.

Nas moradias existem sempre compartimentos destinados a esse culto, com lembranças pessoais do morto, cinzas mortuárias, etc.

As práticas adotadas são muito semelhantes ao espiritismo, com base nas manifestações mediúnicas da mais variada natureza.

Na parte moral o confucionismo preconiza a vida virtuosa e obediente à hierarquia tanto terrestre como celeste, sendo indispensável a prática das virtudes. Entre estas aconselha: o respeito mútuo, (sentimento este tão acatado pelos chineses que fez dele o povo modelo da cortesia e da deferência pessoal); a franqueza, mediante a qual todos devem agir de boa fé, fugindo à mentira; a circunspecção, nas palavras e nos atos, dos quais o homem é sempre responsável; a humildade, que o faz suportar com superioridade e calma todos os acidentes da vida; a benevolência, que faz o homem caridoso para com todos os semelhantes; a justiça e o devotamento a todos os amigos, à família e ao próximo, porque o homem pertence à coletividade e deve ser solidário com a sociedade da qual faz parte.

Em cada cidade chinesa existe (pelo menos existia até há pouco tempo) um templo dedicado a Confúcio, pois o confucionismo é a religião oficial do país.

A verdadeira religião, porém, da China, a religião popular, é o culto dos antepassados. Quando morrem os avós, os pais, ou superiores, seus nomes são gravados em troncos de madeira que se denominam placas ancestrais. Esses troncos vão para o lugar de honra da casa, destinado ao culto dos antepassados; o filho mais velho queima plantas aromáticas e passa a presidir o culto doméstico dedicado a esses espíritos.

Anualmente em todos os lares, cemitérios e cidades realizam-se cultos públicos dedicados aos mortos, como vemos também entre nós.

✦

São nove os livros do período confuciano, a saber:

Os quatro clássicos: *A Grande Ciência*, *A Doutrina da Mediania*, *Analectas e Mêncio*.

Os cinco livros sagrados: *Shu Ching*, ou *Livro dos documentos históricos*; *Shi Ching*, ou *Livro dos Antigos Poemas*; *I Ching*, ou *Livro das Mutações*; *Li Ching*, ou *Livro de Antigos Ritos e Cerimônias* e, finalmente, *Ch'un Ch'iu*, ou *Primavera e Outono*.

Os Centros Religiosos da China

Um dos centros religiosos mais notáveis do mundo, porque influi sobre grande parte da Ásia, é o Tibete, situado ao sul da China.

Nessa região está a cidade sagrada de Lhassa e o templo de Potala onde reside o Grande Lama budista[1], chefe religioso de toda a vasta região que abrange a China, a Mongólia, a Manchúria, etc.

Esta cidade está à margem do grande deserto de Gobi, onde também se situam vários monastérios residenciais de chefes de fraternidades iniciáticas orientais.

[1] Em 1959 a China invadiu o Tibete, submetendo-o a seu regime político. O chefe religioso local, e também político, o Dalai-Lama, foi expatriado e recebeu asilo político da Índia, onde vive atualmente, na cidade de Daramsala. (Nota da Editora)

Esta região abrange também o Planalto de Pamir que, como já vimos em estudos anteriores[2], foi onde se selecionaram os tipos aperfeiçoados humanos que serviram para a encarnação de parte dos capelinos na Terra.

O Tibete está no cimo do Himalaia, onde começa o grande planalto, cuja vista é vedada aos estrangeiros. Está situado a 4 ou 5 mil metros de altitude e sofre um frio terrível que vai para mais de 30 graus abaixo de zero.

O Dalai-lama é tido como um deus encarnado e sua identificação é feita pelos Lamas (quando chega a hora da substituição de um Grande Lama morto), por meios espirituais que consistem em sair à procura de um menino que deve ter nascido para essa substituição e que deve, por isso mesmo, possuir vários sinais e características diferenciais que o habilitam a ser elevado a tal posição.[3]

Por esse país estão em grande número e, por toda parte, as Rodas de Rezar, os postes com bandeirolas e os conventos budistas, os túmulos em forma de pirâmides nas encruzilhadas e os muros sagrados para receber preces e oferendas, tudo conforme o rito budista.

Pelo budismo todos os homens válidos das famílias devem entrar para os mosteiros, exceto um que pode permanecer em casa; este costume traz embaraços à livre expansão do trabalho na cidade como nos campos e de certa forma, despovoa o país.

Os médicos, feiticeiros ou magos, quando chamados, ficam morando na casa do doente até que este sare ou morra.

[2] Vide *Os Exilados da Capela*, Editora Aliança, do mesmo Autor. (Nota da Editora)

[3] Veja-se o Capítulo III, onde estes sinais estão discriminados.

✦

Como já dissemos, o culto dos antepassados domina toda a China e esse culto vem de tempos imemoriais.

Agora, com o comunismo, já se tem conhecimento de modificações em vários setores que tornam ultrapassados inúmeros hábitos, costumes, regras, leis e princípios que caracterizavam a vivência chinesa.

III

A Trilogia Hindu

A trilogia hindu é formada pelo vedismo, pelo bramanismo e pelo budismo.

Vedismo

Das religiões hindus esta é a mais antiga. Vem de Rama, o "enviado celeste" que emigrou do continente hiperbóreo, colonizado por atlantes.

Tem suas bases nos livros védicos, que são: o *Rig*, o *Iadjur*, o *Sama* e o *Atarva*, com o complemento do *Itiasa*, dos *Puranas* e dos *Sutras*.

O traço fundamental de todos estes livros é o conhecimento e o manejo das forças ocultas da natureza. As forças do mal atuam fortemente sobre os homens e a magia é o meio mais seguro de neutralizá-las, obtendo o apoio e as boas graças dos poderes do bem. Os sacerdotes são os encarregados e os únicos competentes para realizar o culto e as práticas religiosas.

Esta é a religião que estabeleceu na Índia o regime das castas que são quatro: a dos brâmanes, ou sacerdotes, nascidos da cabeça de Brama, o Deus supremo; os ksatrias, ou guerreiros, nascidos de seus braços; os vaicias, ou mercadores, nascidos de suas pernas e, finalmente, os sudras, ou gente da plebe, nascidos de seus pés.

É difícil precisar a data a que remontam os *Vedas*. Segundo uns vai a dois mil anos antes da nossa era; segundo outros, como já dissemos, vem de Rama, em data remotíssima. Tendo em vista a importância que nesses livros se dá ao culto do fogo, vê-se que há fundamento na colocação dessa data a muitos milênios, quando o fogo era agente quase sagrado em todas as manifestações religiosas herdadas da Atlântida, onde esse culto era oficial.

A palavra veda significa "saber" e esses livros representam tudo o quanto nesse tempo se sabia de Deus, da Natureza, do homem e da arte das evocações mágicas e dos sortilégios. Além disso os *Vedas* difundiam preciosas e profundas noções da vida moral.

Bramanismo

O bramanismo sucedeu ao culto primitivo, sistematizou e deu novas modalidades ao vedismo, criando a trindade bramânica, composta de três deuses:

Brama, o criador; Shiva, o destruidor e renovador com sua esposa Kali, a deusa da morte e Vishnu, o princípio conservador, amigo do homem, que se encarna em Rama, Krishna e Buda. Tornou mais rigoroso o regime das castas, dando toda a proeminência aos sacerdotes e todas as vantagens mundanas aos guerreiros, e estabeleceu que ninguém podia sair de sua casta, nem mesmo para contrair matrimônio; quem o fizesse seria repudiado por todos, ficando sem casta e permanecendo na condição de pária social. Os conhecimentos espirituais são privilégio dos sacerdotes que, para isso, se submetem desde a infância à penosa iniciação, cujos diferentes graus são os seguintes:

No primeiro grau, até os sete anos, ficam entregues às mulheres; passam então ao serviço doméstico de um diretor ou mestre (guru), que os inicia nos conhecimentos gerais da religião, da ciência e das artes.

No segundo grau abandonam o mestre e constituem família, para que as tradições iniciáticas se perpetuem nos seus descendentes masculinos.

No terceiro grau, cumpridos seus deveres de família, recolhem-se no silêncio de seu próprio lar e cortam as relações sociais; e,

No quarto grau, finalmente, abandonam o lar, afastando-se do mundo e transformam-se em anacoretas, para receberem do Alto o supremo conhecimento e terem direito ao Nirvana, isto é, a vida em comunhão consciente com o Ser Supremo.

O bramanismo adota a lei da metempsicose para o povo e a da transmigração das almas para os iniciados, como no Egito, asseverando que o fim da vida humana é a libertação e o desprendimento do mundo material e das paixões, sendo a meditação e o isolamento condições essenciais desse aperfeiçoamento. É uma religião aristocrática e sacerdotal.

✦

Eis o que aprende o discípulo (chela) nos três primeiros períodos da iniciação: o conhecimento dos livros sagrados, a gramática, os deveres devidos aos manes (espíritos), a arte de calcular, os presságios, as revoluções dos períodos (cosmogonia), a intenção do discurso (raciocínio), as máximas da moral, a ciência divina da escrita (acentuação, prosódia e ritos religiosos), a conjuração de espíritos, a arte militar, a ciência da astronomia, o encantamento das serpentes, a ciência dos deuses (música e artes mecânicas).

✦

Mas este era o lado simplesmente exterior da questão, porque, após abandonar o mundo, ao entrar no último período, tomava o discípulo conhecimento das Leis de Manu, contidas no *Manava Dharma Sastra* que, além de estudar as leis da vida espiritual, ensinava aos reis e senhores o cumprimento dos seus deveres, fixava as obrigações de cada casta, as purificações, os ritos e as cerimônias de todos os cultos, e ainda as penas a sofrer pelos transgressores.

Logo no preâmbulo o livro recomendava: "Este livro deve ser estudado com perseverança por todo brâmane instruído e ser explicado por ele aos seus discípulos, porém nunca a outro homem de uma casta inferior".

Mais adiante: "Este livro faz obter tudo o que se deseja; aumenta a inteligência, atinge a glória de uma longa vida e conduz à beatitude suprema".

E continha uma alta moral quando ensinava: "A resignação, a ação de tornar o bem pelo mal, a temperança, a probidade, a pureza, a repressão dos sentidos, o conhecimento dos "Sastras" (livros sagrados), o da Alma Suprema, a veracidade e a abstenção da cólera, eis as dez virtudes em que consiste o dever".

Mais adiante, falando sobre a renúncia, dizia: "Preenchendo perfeitamente os deveres prescritos, sem ter por móvel a espera de recompensa, o homem alcança a imortalidade e, neste mundo, goza de todos os desejos que seu espírito pôde conceber".

E na prática do autodomínio, da abstenção, recomendava: "Domina o corpo, os órgãos dos sentidos, tem as mãos juntas e o olhar fixo sobre o teu mestre". A este ordena inteira submissão do chela quando diz: "Aquele que se submete docilmente ao seu mestre até o fim de sua existência eleva-se, depois de sua morte, à morada divina".

O ensino levava o discípulo a conquistar perfeita impassibilidade, autodomínio, perfeito equilíbrio e sangue frio, nunca se submetendo aos impulsos dos desejos, do prazer, do medo ou da dor.

O discípulo, diz o livro, "deve suportar com paciência as palavras injuriosas, não desprezar ninguém, não guardar rancores por causa do corpo fraco e doentio que é comum a todos".

Ele deve usar dos sete poderes que são: os cinco sentidos e mais a inteligência e o sentimento e não falar senão de coisas ligadas à vida espiritual. Assim, para ele, o mundo se fecha.

"A devoção e o conhecimento da alma são para o discípulo os melhores meios de atingir a felicidade suprema. Assim, o homem que reconhece, em sua própria alma, a alma suprema presente em todas as criaturas, mostra-se inalterável na presença de todos e obtém a sorte feliz daquele que está absorvido em Brama."

Ao fim da iniciação o discípulo tomava conhecimento de outro livro os *Upanishads*, que quer dizer "oculto" e que somente era confiado às elites, como remate dos esforços anteriores.

✦

Em resumo, na iniciação dos brâmanes existiam dois aspectos fundamentais chamados: "O Caminho das Obras", que compreendia a vida doméstica e os sacrifícios dos primeiros graus, e "O Caminho do Conhecimento" (pensamento puro, realizações da alma) cujo exercício fundamental era a meditação, que leva ao êxtase final.

Os *Upanishads* conduziam o discípulo, eficientemente, por todos os maravilhosos caminhos do autoconhecimento e da integração em Deus. Isto, pelo menos, é o que se contém na tradição religiosa dessa doutrina que é seguida por mais de 450 milhões de adeptos.

Budismo

Esta religião, apesar de ser parte importante da trilogia hindu, entretanto, não tem quase adeptos na Índia.

Quase um bilhão de homens vive e morre como budistas, maravilhosa doutrina esta que se estende por toda a Ásia, regiões e países do Extremo Oriente e do Ocidente.

O budismo prega, antes de qualquer outra coisa, a necessidade do sofrimento e a utilidade da renúncia, sendo que o sofrimento resulta de faltas cometidas em vidas anteriores e que ficam registradas no carma de cada um.

Não adota os privilégios de casta e declara que todos podem receber os benefícios da vida espiritual, desde que se submetam ao carma e resgatem suas faltas, o que os adeptos conseguem tanto mais depressa quanto mais se engolfarem em uma vida de aflições e de purificações.

✦

O budismo foi fundado pelo príncipe indiano Gautama Sidarta, que nasceu mais ou menos 620 anos antes de Cristo, na cidade de Kapilavastu, nas fronteiras do Nepal e desencarnou aproximadamente em 543 em Kusinagara, na província de Udh.

Dele disse Saint-Hilaire, um de seus biógrafos: "Sua vida não tem mancha. Seu constante heroísmo iguala à sua convicção e se a doutrina que preconiza for falsa, os exemplos pessoais que nos deu são inatacáveis. É um modelo perfeito e acabado de todas as virtudes que ensina; sua abnegação, caridade e inalterável doçura, não são desmentidas um só instante.

Preparou conscientemente sua doutrina em seis anos de retiro e meditação, propagando-a unicamente pelo poder de sua palavra e persuasão durante mais de meio século; finalmente morreu nos braços de seus discípulos com a serenidade de um sábio, que praticou o bem durante toda sua vida e com a certeza de ter encontrado a verdade".

Seus discípulos fundaram "A Sanga" — a fraternidade budista, que tem passado por várias vicissitudes mas que, entretanto, sobrevive, poderosa, nos mosteiros budistas e nos diferentes colégios iniciáticos espalhados por todo o mundo.

Tendo em vista a importância desta doutrina e a notável aproximação que ela demonstra, em certos pontos, com o cristianismo, trataremos dela mais detalhadamente em duas partes, sendo uma, a narração histórica da vida do Buda e outra o estudo, mesmo que resumido e superficial, da doutrina propriamente dita:

1. História

Rezam as crônicas que, naquele tempo, nas altas esferas onde se assentam os regentes do mundo, o espírito santificado de Buda declarou que habitaria mais uma vez entre os homens, para salvá-los, e que desceria entre os sakias, povo que vivia ao sul do nevoso Himalaia.

Nessa noite, Maya, esposa do rei Sudhodana, dos sakias, sonhou que uma estrela do céu, de seis raios e de cor rosada, de pérola, sobre a qual se via um elefante branco, armado com seis dentes, atravessou o espaço qual brilhante meteoro e penetrou em seu seio, do lado direito.

Como é de regra quando encarnam budas (Bodisatvas) eles descem protegidos por devas[4]; e nascem sem máculas, sem nódoas líquidas, sem manchas de mucosidades ou de sangue, puros e imaculados.

E também, como é de regra, as regiões dos mundos inferiores onde o sol não penetra, são iluminadas por um esplendor de infinita claridade que ultrapassa a glória dos devas.

✦

Quando Maya despertou, a natureza toda estava emocionada e havia no ar um rumor de vozes que dizia: "Os mortos que volvem à vida e os vivos que baixam ao túmulo, que se levantem e escutem: chegou Buda."

E os velhos augures, consultados, disseram que a rainha teria um filho divino, dotado de ciência maravilhosa, que seria útil a todos os homens e governaria o mundo, se o desejasse.

[4] Espíritos bons, de elevada hierarquia, pertencentes à nossa humanidade ou espíritos chamados planetários, pertencentes a outras humanidades.

Quando chegou a hora do nascimento, a rainha estava repousando à sombra de uma árvore chamada palsa, de tronco reto, como uma palmeira. Ela sabia que estava chegada a hora porque todas as coisas o sabiam; e então a árvore inclinou seus ramos e a cobriu e duma rocha que estava perto brotou água cristalina.

E ela deu à luz sem dor e o menino nasceu com os 32 sinais do nascimento dos bem-aventurados.[5]

Quando a notícia chegou ao palácio do rei, este mandou um palanque para transportá-la e ao menino, mas os videntes viram que foram quatro anjos que os levaram, acompanhados de legiões de figuras luminosas baixadas do céu: o anjo do Oriente, com seguidores vestidos com túnicas de prata, o anjo do Sul, com seguidores que cavalgavam corcéis azuis, o anjo do Ocidente, seguido dos Nagas, em corcéis cor de sangue, e o anjo do Norte com seguidores montados em cavalos amarelos com escudos de ouro.

E grandes festas houve e dentre os peregrinos que chegaram veio um santo homem de cabelos brancos, chamado

[5] A título de curiosidade apresentamos a lista de alguns dos 32 sinais sagrados dos budas encarnados e que até hoje são utilizados pelos lamas do Tibete, para descobrirem os sucessores dos Dalai-lamas mortos, que são considerados budas vivos.
São estes sinais físicos referidos: plantas dos pés lisas; uma estrela em cada planta; calcanhares muito desenvolvidos; dedos grandes dos pés de tamanho acima do normal; mãos e pés com intensa rede de traços; tornozelos redondos como conchas; pernas lisas e nervosas; braços longos atingindo a altura dos joelhos; orgãos genitais envolvidos; constituição leonina; pele dourada; pêlos do corpo com pontas em alça voltadas para a direita; comprimento do corpo igual a extensão dos braços; mandíbulas muito fortes; 40 dentes regulares e unidos; língua muito comprida; tufo branco de pêlo entre as sobrancelhas; clarividência espontânea; visão diurna e noturna abrangendo grandes distâncias, etc.

Azita — A Glória Negra — cujos ouvidos estavam já fechados para o mundo mas bem abertos para as harmonias dos céus.

Ouviu os devas cantarem em honra do menino e foi ao palácio render-lhe homenagens. Tocou o chão sete vezes com a cabeça dizendo: "Eu te adoro. Tu és Ele... Vejo a luz rosada, as linhas das plantas dos pés, a doce linha curva da suástica, os trinta e dois signos sagrados e os oitenta sinais menores. Tu és Buda. Pregarás a lei e salvará todos os seres. Tu és a flor da nossa árvore humana, que só uma vez se abre em miríades de anos mas que, uma vez aberta, enche o mundo com o seu perfume".

✦

Aos oito anos o rei indicou-lhe preceptores mas o menino mostrou saber tudo o quanto ensinavam e mais ainda; por outro lado, avantajou-se a todos os mancebos de sua estirpe, à medida que crescia nas competições de força e destreza usadas naqueles tempos.

Todavia, começou logo a sofrer de longos períodos de alheamento, de tristeza, refugiando-se em si mesmo, em meditações demoradas.

O rei então, para distraí-lo, levava-o a longos passeios pelos arredores, mostrando-lhe suas riquezas e domínios mas, enquanto falava, o príncipe Sidarta (tal era o seu nome) não via propriamente os campos e as propriedades, a fecundidade das searas e as colheitas pendentes dos ramos, mas sim a competição terrível dos homens, com a sobrevivência do mais forte; o sofrimento do camponês, eternamente escravizado à gleba; o sofrimento dos animais, o poder do rei, seu pai, dominando os servos e se utilizando do seu suor para o aumento de sua riqueza e do seu poder.

E daí por diante era sempre assim: mostravam-lhe as coisas pela superfície exterior, pelo que agradava aos sentidos ou às ambições e ele, Sidarta, via sempre mais no fundo, o coração humano com as suas fraquezas, as suas paixões, as suas dores, o seu desalento.

E, por isso, cada vez se alheava mais das suntuosidades que o cercavam e dos companheiros fúteis que o rodeavam.

✦

Quando completou 18 anos, temendo o rei, seu pai, que ele se abandonasse inteiramente ao misticismo e desprezasse o reino do qual era herdeiro legítimo, estudou um plano para prendê-lo junto de si e, a conselho de nobres da corte e sacerdotes, convocou as mais belas jovens do reino e dos reinos vizinhos para que entre elas Sidarta escolhesse uma esposa com a qual se radicasse à terra e constituísse sua família.

Entre centenas delas Sidarta escolheu Iasodhara, filha de um rei vizinho e quando, mais tarde, lhe perguntaram a razão de sua súbita preferência por ela, ele explicou que Iasodhara, anteriormente, tinha sido já sua companheira, em uma vida muito remota, quando evoluíra no reino dos animais.

Além dos três esplêndidos palácios que já possuía, o rei deu-lhe o Palácio do Prazer, que, realmente, era uma fortaleza, dotada de todos os atrativos e delícias mundanas, onde os servidores eram jovens e belos e grupos escolhidos de músicos e dançarinas tentavam noite e dia amenizar o tédio do príncipe, que crescia também noite e dia.

Porque os devas lhe falavam ao ouvido dizendo como eram as coisas da vida lá fora. Quando o vento soprava, os devas lhe diziam: "Ouves o vento que geme e que passa? Assim também é a vida mortal que passa lá fora: um lamento, um suspiro, um soluço, uma tormenta, uma luta e tu, príncipe, de nada sabes"!

Outras vezes, quando a tempestade fazia ouvir seus bramidos, os devas lhe sussurravam ao ouvido: "Oh, filho de Maya: porque vagamos por toda a parte na terra é que passamos também junto de ti. Que prazer podes sentir, preso, aqui, neste palácio, dourado mas inútil? O amor não dura, a vida passa depressa; o caminho da vida é como o vento; tudo é passageiro, tudo muda sem cessar".

E quando as escravas tangiam as cordas da vina, os devas lhe segredavam baixinho: "Oh! filho de Maya. Porque andamos por toda parte e tudo vemos e sentimos, é que gememos nestas cordas. Não cantamos a alegria porque a dor existe e domina por toda parte; infinidade de olhos choram e milhares de mãos se torcem em desespero sem remédio. Acorda oh! tu que vieste como salvador do mundo. Tua hora se aproxima. Levanta-te, desperta, abandona tudo e vai para o amor do mundo que te chama".

E quando o príncipe pediu licença ao rei para visitar os arredores, o rei mandou que fosse tudo preparado, enfeitado, escondidos todos os aspectos feios e desagradáveis das coisas e dos indivíduos, para que o príncipe achasse tudo belo e se agradasse do mundo que lhe pertencia.

Mas apesar de tudo, quando ele passou no seu carro veloz, encontrou um mendigo miserável e esquelético, prestes a morrer, que gritava de fome e de dores.

— Por que, perguntou o príncipe a Channa, seu fiel condutor, este homem grita e é assim magro, enrugado, cambaleante?

— É porque é velho e doente, senhor.

— Mas por que só ele é assim entre todos os que me cercam?

— Todos ficam velhos, senhor.

— Eu também ficarei assim, Channa?

— Sem dúvida ficarás, senhor.

— E por que ele disse que estava prestes a morrer?

— Porque todos nós morremos, senhor. Todos nós ficamos cansados, velhos, doentes e abandonamos este corpo perecível.

— E também eu, Channa, morrerei assim?

— Também tu, oh nobre Sidarta, chegarás ao dia da tua morte.

✦

E o príncipe compreendeu que a vida era uma ilusão e que a miséria e a fraqueza e a dor dominavam no mundo e que nem mesmo ele, com todo poder que possuía, estava isento de tais provações. Por isso resolveu seguir o seu destino entregando-se à salvação dos homens.

E os devas lhe disseram nesse mesmo dia: "Abandona tua prisão deliciosa; foge para o mundo e prepara-te para a missão que te cabe".

Por isso, quando chegou a noite, ele montou em seu cavalo Kantaka, atravessou os três pátios, as enormes portas de bronze, que se abriram à sua frente como que por encanto, passou pela guarda e saiu. Porque os devas agiram de modo que ninguém viu nada do que sucedeu: nem Iasodhara que dormia no mesmo leito, nem os guardas das antecâmaras, nem os guardas da porta de bronze, que permaneceram adormecidos. Seus passos e os passos de Kantaka, ninguém ouviu, e somente Channa, o fiel condutor, o acompanhou nessa jornada, pelas sombras da noite escura.

Quando chegou às fronteiras do reino, Sidarta desmontou e despediu Channa, mandando ao rei, seu pai, o rico colar que trazia ao pescoço e esta mensagem de despedida: "Peço-te que me esqueças até que eu volte um dia, mais príncipe que agora, depois de adquirir a ciência real, nas lutas pela conquista da luz. Se o conseguir, toda a terra será minha, minha pelo amor; porque não há esperança para o homem e ninguém a buscou ainda como eu quero fazer, eu que abandono o mundo para salvá-lo".

✦

E o príncipe foi dali para as terras de Rajagriha, vestindo o traje amarelo dos mendigos e ali viveu imerso em profundas meditações dia após dia, noite após noite, enquanto ia recapitulando, aos poucos, o conhecimento das verdades eternas.

Permanecia imóvel desde o meio-dia até o pôr-do-sol, quando os tambores da cidade distante marcavam alegrias e pesares para os homens do mundo; entrava assim pela noite adentro até meia-noite, quando nas selvas as feras dão livre curso aos seus instintos sanguinários para a sobrevivência.

Repousava até o dealbar da alvorada de ouro, quando oferecia ao sol sua saudação reverente. Depois fazia suas abluções na fonte próxima e descia para a cidade, para esmolar a caridade do povo com a sua tigela de mendigo.

Pregava ao povo e aos poderosos as verdades do espírito, regras da alimentação pura, condenando os sacrifícios de animais, regras de conduta perfeita e de perfeito amor para com o próximo.

Foi, porém, em Urewelaia, no vale do Ganges, perto da cidade de Senani que o solitário recebeu finalmente a revelação de todas as verdades "**dentro do silêncio donde tudo vem, no segredo das trevas para onde tudo volta**".

Durante muitos meses viveu ali abstraído do mundo, esquecendo-se até mesmo de esmolar para comer.

Nesse local, certo dia, recolheu-se para debaixo da árvore Bodhi, que encurvou seus ramos para abrigá-lo melhor, enquanto os animais da selva, quando caiu a noite, achegaram-se em torno dele para protegerem a sua meditação.

Então, como narra a lenda, veio Mara, o príncipe das trevas, para o tentar com todos os poderes do mal, para que o mundo não se salvasse; e todos os demônios que combatem a sabedoria e a luz vieram em seguida, enchendo o ar em redor, ora fazendo alarido, produzindo rumores fortes como trovões, ora como cantigas suaves, proferidas por mulheres lindas, ou ainda com grande aparato, oferecendo-lhe poderes imensos no céu e na Terra.

Vieram os pecados capitais: o Egoísmo frio, a pálida Dúvida, e Kama, o demônio do Prazer, que lhe pôs ante os olhos os maiores e mais tentadores gozos do mundo. Depois veio o Ódio, com serpentes enroladas em torno do peito; a

Concupiscência, porta-voz da sensualidade; o Orgulho, a Ignorância, a Injustiça e todos os Senhores do Inferno com seus cortejos e suas manhas. Mas a árvore protegia o santo com seus ramos, cada vez mais encurvados e os tentadores ficavam todos do lado de fora; e quando passou de meia-noite o mestre viu todas as suas 550 encarnações anteriores quando viajou, desde a planície das paixões até os altos cumes da virtude onde estava agora, como salvador do mundo.

Viu também os efeitos das causas e compreendeu a lei do carma, a visão das esferas celestiais formando um só todo, e o giro dos evos, formando os Calpas[6] e Mahacalpas, medidas de tempo que ninguém alcança calcular e durante as quais os universos nascem, vivem e morrem, como também viu a evolução de todas as coisas, dos reinos da Natureza e de todos os seres que sofrem os males da existência.

E na antemadrugada conheceu o segredo da Dor e da Ilusão que a gera com auxílio dos sentidos, que engendram os desejos; e viu como se pode eliminar os Desejos e a Ilusão não buscando, não lutando, não errando, nem causando danos e suportando com paciência e resignação todos os males até que se esgote o efeito do carma, rompam-se os laços da carne e possa o indivíduo, assim, fugir ao giro da Roda.

E quando a aurora surgiu e a luz veio vindo, clareando tudo e se espelhando no orvalho que cobria as folhas verdes, **hora em que o assassino oculta seu punhal** e o **ladrão abandona sua presa e passam todos os terrores da alma**, uma grande alegria e uma grande paz desceu sobre todas as coisas, porque o solitário, naquela noite, se transformara em Buda e a salvação do mundo estava assegurada para todos os que seguissem seus ensinos.

[6] Vide *Os Exilados da Capela*, capítulo XX. (Nota da Editora)

✦

E então o Buda saiu para fora e veio para Kapilavastu; veio vindo aos poucos, pregando sua doutrina pelos lugares por onde passava, atraindo grande número de discípulos.

E grandes festas se prepararam em Kapilavastu, sua pátria, para receber o Buda, mas quando este chegou sozinho, a pé, em vestes de mendigo, causou grande cólera a seu pai Sudodhana ao qual, porém, ele disse, explicando: Meu pai, este é o costume da nossa raça, os budas.

E desde então ele passou a ensinar sua doutrina a seu pai, sua esposa e a todos os seus súditos no reino que por direito lhe pertencia.

E ensinava que a primeira verdade é a Dor. A segunda é a Causa da Dor, por via do Desejo. A terceira é a Supressão da Dor. A quarta é a Via, a liberdade de se escolher o Caminho para a Supressão da Dor, indo-se diretamente ao cume ou ficando-se perdido nos atalhos inumeráveis da montanha da vida.

E ensinou as Quatro Regras, que são:

A Doutrina reta: bons sentimentos, benevolência.

A Linguagem reta: vigiar os lábios como se fossem as portas do palácio de um rei.

A Conduta reta: que cada ação humana ataque uma falta ou acrescente um mérito.

E as Quatro Rotas mais elevadas que são: Pureza reta, Pensamento reto, Solidão reta e Êxtase reto.

Mas, ensinava ele: não voam para o sol as almas cujas asas ainda não têm penas.

E ensinava também que o caminho da prova tem

três graus: o primeiro leva a conhecer as verdades maiores; o segundo emancipa das dúvidas, ilusões e lutas (mesmo internas), liberta do desejo, das crenças e dos dogmas. E o terceiro leva ao espírito puro, ao amor de todos os seres e à paz perfeita.

Mas os santos e os budas, ensinava ele como remate, vão ao quarto grau, que permite entrar no Nirvana onde ficam livres da vida, dos renascimentos e do carma.

✦

Buda era tão célebre pela sua palavra eloqüente e expressiva como pelo seu silêncio, e tornou-se clássica sua maneira de permanecer sentado horas a fio e mesmo dias, ao lado de seus discípulos, perfeitamente imóvel e silencioso.

✦

As mais autênticas narrativas sobre sua vida e sua doutrina são encontradas nos textos pális.

A doutrina budista foi posta em cânon pelo Concílio de Patna no ano 250 a.C., por meio de narrações feitas de memória que, aliás, é o processo utilizado na transmissão iniciática esotérica.

Mais ou menos 220 anos depois foi o Cânon completado e redigido definitivamente em Ceilão.

Os ensinamentos budistas se referem todos à lei dhama, que a teosofia mudou para dharma; esse título dhama tem inúmeras significações no idioma páli, porém a teosofia o traduziu como sendo "O dever ou a lei da vida revelada".

✦

Gautama, o buda, foi o quarto da Terra e o primeiro indivíduo de nossa humanidade que até aí chegou a essa altura, pois os três budas anteriores eram fruto de outras evoluções, pertenciam a Vênus, donde também vieram migrantes para o nosso planeta em épocas muito remotas.

Há uma hierarquia búdica de diferentes graus. Todos os iniciados que chegam a Arhats, Adeptos ou Santos, são considerados budas da 6ª iniciação. Da 7ª são os Bodhisattas ou Budas da Compaixão, isto é, budas que, tendo chegado a esse grau, se recusam a passar para o 8° Caminho ingressando no Nirvana, preferindo continuar, invisíveis no mundo, auxiliando a evolução humana.

Os budas da 8ª iniciação são os chamados Budas Perfeitos, que passam para o Nirvana, não influindo mais na vida do mundo.

Os três budas anteriores ao atual são chamados Pratyeka, vieram no tempo da 3ª e 4ª Raças-Mães, na Lemúria e Atlântida e, segundo a tradição ou as revelações esotéricas, residem, juntamente com o chamado Rei do Mundo, em um oásis do deserto de Gobi, chamado Shambala, ou Ilha Sagrada, na China Central. Têm forma humana porém não estão sujeitos à matéria e à morte.

O Buda atual — Gautama — no seu tempo, ergueu-se contra os abusos do bramanismo, repeliu os sacrifícios sanguinolentos (holocaustos), repudiou o regime de castas, proclamou a igualdade entre os homens e ensinou o amor para com todos os seres.

Por isso, enquanto o bramanismo é uma religião sacerdotal e aristocrática, o budismo é religião democrática e popular.

2. **Doutrina**

Esclarecendo melhor os fundamentos da doutrina ensinada pelo Buda, voltamos a dizer que as primeiras meditações do Venerável, ainda quando príncipe Sidarta, foram sobre a velhice e a morte, bem como sobre suas causas. Viu que havia velhice e morte porque havia Nascimento e viu que a causa do nascimento era a Existência e que esta vinha do Apego e este do Desejo, e este da Sensação e esta do Contato e este dos Sentidos e estes do Nome e da Forma e estes, finalmente, do Conhecimento.

Disso concluiu que a velhice e a morte tinham por causa remota o Conhecimento e por base a Ação. Conhecendo as coisas e agindo, isto é, utilizando o livre-arbítrio, os homens desencadeavam todas as misérias e aflições. Assim demonstrou as verdades sobre a Dor e sobre as causas da Dor.

Prosseguindo em suas meditações, viu que sem nascimento não havia velhice nem morte; cessados os nascimentos cessam a velhice e a morte; e sem Existência não há nascimentos: se a existência cessa, cessam os nascimentos; e sem Apego não há existência e assim sucessivamente em relação ao Desejo, à Sensação, ao Contato, aos Sentidos, ao Nome e à Forma.

Assim chegou ele à iluminação de si mesmo, segundo a qual tudo depende da Extinção, do Aniquilamento: extinguindo-se todas estas coisas cessam as misérias que afligem os homens no mundo.

E assim demonstrou ele a verdade sobre a Extinção da Dor.

Sua meditação seguia o seguinte rumo: imaginava a Forma, depois a aparição da Forma e depois a extinção da Forma.

Em seguida imaginava a Sensação, depois a aparição da Sensação, e depois a extinção da Sensação e assim por diante em relação ao Apego, aos Sentidos, ao Desejo, etc.

Desta maneira ele via a coisa criar-se mentalmente, nascer para o homem, influir na vida do homem e extinguir-se por fim.

✦

Esta Doutrina do Aniquilamento não conduz ao Nada como poderia parecer mas, sim, à unidade no Nirvana, isto é, ao mundo espiritual superior.

Na sua preparação para todas as sensações e emoções, aplicava o processo do silêncio e da imobilidade. Na floresta, durante suas meditações, se era assaltado pelo medo, permanecia imóvel até que o medo passasse; se estava sentado permanecia sentado; se estava deitado permanecia deitado e se estava caminhando continuava a caminhar, persistentemente, até que o medo passasse.

Pregou, como já vimos, durante quase meio século, na Índia e em países vizinhos, mostrando a necessidade do sofrimento e a utilidade da renúncia para o aperfeiçoamento do homem, ensinando que o sofrimento resulta de transgressões anteriores, pelo carma. Tanto mais depressa se resgatam os carmas quanto mais se submetem os adeptos a uma vida aflita e miserável. Pregou a fraternidade, mandando que todos se amem e se auxiliem mutuamente. Pregou a igualdade (combatendo as castas), a tolerância, a liberdade de pensamento e a caridade, inclusive para os animais, cuja matança condenou. Mostrou que a felicidade, não sendo deste mundo, deve ser procurada no Nirvana, com a purificação espiritual, o desprendimento e o desapego.

A Lei, dizia ele, é viver em estado de santidade para se dar fim ao sofrimento.

✦

Eis como ele ensinava, utilizando analogias.

Havia um discípulo que possuía riquezas e julgou que poderia abandonar a Sanga (Fraternidade de monges) e viver em sua casa, gozando dos seus bens, sem prejuízo dos atos meritórios que poderia praticar.

Tendo lhe sido proposta a questão, o Buda falou:

— Sei que és um hábil tocador de alaúde.

— Sim, senhor.

— Quando as cordas estão muito tensas o alaúde dá bom som?

— Não, senhor.

— E quando as cordas estão muito frouxas, o alaúde tem som?

— Não, senhor.

— E quando estão bem ajustadas, dão bom som?

— Naturalmente, senhor.

— Pois do mesmo modo, concluiu o Buda, o esforço excessivo conduz a uma agitação estéril e o esforço insuficiente conduz à indolência e à morte. Portanto, limitai-vos a obter o equilíbrio de vossas forças e de vossas faculdades mentais.

✦

"Na disciplina dos santos", dizia ele, "quem comete uma falta e reconhece a falta e de futuro se preserva de cometê-la de novo, dá um grande passo".

✦

Um brâmane (sacerdote), após ouvir um sermão de Buda, propôs-lhe esta questão: "Como se compreende, senhor, uma vez que há um Nirvana, um caminho para o Nirvana e um guia que ensina esse caminho, como se compreende que entre os que seguem os vossos ensinos uns seguem o caminho e alcançam o Nirvana e outros nunca o alcançam?"

O Gautama respondeu:

— Conheces bem o caminho que daqui leva a Rajagriha?

— Sim, mestre, conheço-o bem.

— Pois se acontece que um homem te pede que lhe ensines o caminho e tu o ensina, e o homem toma um caminho errado e vai em direção diferente, enquanto outro faz o mesmo e segue o caminho certo e chega ao seu destino; ora, uma vez que há Rajagriha, um caminho para chegar lá e um guia como tu que ensinou o caminho certo, como se compreende que um erre o caminho e se desvie e outro siga o caminho certo e chegue ao destino ensinado?

— Respondeu o brâmane: que poderei eu fazer, senhor, apenas indiquei o caminho.

— Pois bem, brâmane: que posso eu também fazer? “Apenas indico o caminho”.

✦

Contando aos seus discípulos passagens de sua vida, como ensinamento, ele dizia: “meus ensinos reuniram um número considerável de homens e de devas, pelos quais a Lei foi compreendida uma segunda vez. Tenho uma comunidade de 1.250 monges e todos os meus discípulos fazem apenas um. Os monges, livres da corrupção do pecado, vencedores de suas paixões, o coração em paz e o espírito resoluto, estão sempre em toda parte comigo; são venerados pelos sábios, encontram a sua felicidade na Lei, viajam através dos mundos e alcançarão a sabedoria”.

Minha glória[7], dizia ele, eleva-se a uma altura de dezesseis côvados.[8] Enquanto permanecer nesta terra farei passar muitos seres **para a outra margem**.

✦

Eis como ele ensinava a seus discípulos, em particular.

— “O corpo, monges, não é o Eu. Se o corpo, monges, fosse o Eu, o corpo não estaria exposto à doença e poderíamos dizer: eu quero que o meu corpo seja assim; eu não quero que

[7] Aura.
[8] 10,56 metros.

o meu corpo seja assim. Mas como o corpo não é o Eu, monges, segue-se que o corpo está sujeito à doença e à morte e nós não podemos dizer: eu quero que o meu corpo seja assim, eu quero que o meu corpo não seja assim.

— A sensação, prosseguia ele, não é o Eu; a percepção ou a idéia, não são o Eu; os conceitos e as formações não são o Eu; o conhecimento não é o Eu. Que pensais disto: o corpo é permanente ou perecível?

— É perecível, senhor.

— E o que é perecível causa alegria ou dor?

Causa dor.

— E do que é perecível, do que causa dor, do que está sujeito à transformação, é possível dizer: isto é meu, eu sou isto, isto é o meu Eu?

— É impossível, senhor.

— Assim, pois, monges, no que concerne ao corpo, como quer que ele tenha sido, como quer que ele seja, como quer que ele venha a ser, esteja em nós ou no mundo exterior, seja forte ou fraco, alto ou baixo, afastado ou próximo, este corpo não é meu, eu não sou ele, ele não é o meu Eu."

O mesmo diálogo iniciático se reproduzia em relação às sensações, às idéias, aos conceitos, às formações, ao conhecimento e assim os discípulos iam se desprendendo de todas as coisas que fazem a ilusão e as misérias do mundo.

E o Bem-aventurado concluía:

— "Aquele que vê assim, monges, o discípulo sábio e nobre, experimenta repulsa pelo corpo, pelas sensações, pelas idéias, pelos conceitos, pelas formações, pelo conhecimento. Esta repulsa o liberta das paixões; liberto das paixões ele está liberto do mundo; sendo livre, adquire o verdadeiro conhecimento e compreende que para ele não haverá mais renascimento, porque entrou na vida de santidade, está o seu dever cumprido e para ele não há mais vida neste mundo."

A respeito das verdades a que já nos referimos ele ensinava que: "quando as verdades sublimes não são encaradas tais como são, longo é o caminho que leva de um renascimento ao outro; mas quando essas verdades são encaradas de frente, a causa da transmigração fica suprimida, a raiz da dor é arrancada e não há mais existência.[9]"

✦

Do ponto de vista doutrinário, o budismo é a religião que dividiu o homem em sete corpos, ou princípios constitutivos, a saber:

Corpo denso — rupa.
Vitalidade — prana.
Corpo astral — língua sharira.
Alma animal — kama rupa.
Alma humana — manas.
Alma espiritual — budhi.
Espírito — Atma.

✦

A teosofia em parte modificou esta divisão, alterando-lhe a nomenclatura, mas em nada concorreu para simplificar o assunto. Esta simplificação foi feita pelo espiritismo que a

[9] Referia-se às existências objetivas, que são consideradas ilusão.

apresenta assim: corpo denso, perispírito e espírito, podendo ainda aceitar o corpo intermediário e plástico denominado corpo etéreo, que é uma emanação fluídica do corpo denso e onde se localizam os chacras ou centros de força do perispírito.

O budismo é a religião que popularizou o ensino da evolução humana através de mundos, rondas e ciclos; dividiu as raças humanas em várias categorias: raças-mães, raças secundárias ou sub-raças e ramos, cada ciclo abrangendo todos os mundos que a mônada habita durante sua jornada evolutiva.

Mostra que a mônada evolui através de sete reinos: que há sete rondas, cada uma correspondendo ao tempo em que uma raça-mãe evoluciona; que a atual humanidade está evoluindo na 4ª ronda e que cada ronda desenvolve um dos sete princípios constitutivos do homem a que atrás nos referimos.

Ensina que cada raça tem sete sub-raças e a atual, à que pertencemos, é a Quinta Raça — ariana.

É a religião que se referiu mais aproximadamente às reencarnações da mônada, explicando que ela reencarna duas vezes num mesmo ramo de formas que, multiplicando-se por dois o número de ramos, o resultado será o número de reencarnações numa sub-raça e multiplicando este número por sete, encontraremos o número de reencarnações numa raça-mãe, ou ronda.

Ensina que cada raça traz uma civilização e que esta se destrói juntamente com a região ou continente onde se desenvolveu. Foi esta a religião que trouxe as notícias mais diretas e seguras sobre a Lemúria, a Atlântida e outras partes do mundo já desaparecidas.

Ensinou sobre o Devachan — o céu — e sobre o Avitchi

— o inferno — em qualquer dos quais o espírito encontra o que busca e continua a evoluir. São mundos de efeitos não de causas. São mundos subjetivos, como também a Terra é um mundo subjetivo, sendo que o próprio Nirvana é subjetivo.

Muito ao contrário, o espiritismo ensina que todos os mundos pelos quais o espírito evolui, são objetivos e em todos eles o espírito cria causas que geram efeitos.

O budismo criou o Kama Loca — espécie de purgatório — onde as almas deixam seus envoltórios mais pesados e morrem de novo, para subirem ao Devachan.

Esta é a religião que explicou o carma, a lei de Causa e Efeito, com detalhes e regras, nessa remotíssima época em que foi lançada por Buda.

Ensinou também que os budas perfeitos vêm ao mundo em cada raça-mãe como orientadores da humanidade e que o último, que viveu antes de Cristo, foi um deles, sendo o quarto da série, o que o espiritismo não sanciona porque possui hoje conhecimentos mais exatos.

✦

Já nos últimos dias de sua vida que, conforme uns foi de 77 e segundo outros foi de 82 anos, ele dizia aos seus discípulos: "Tudo neste mundo é perecível. Cuidai de vossa salvação. Vivei na santidade e na meditação. Sede resolutos e vigiais o vosso coração".

Sobre a fraternidade que foi criada ele afirmava: "A Sanga viverá enquanto suas regras forem obedecidas, houver entre vós união e forem seus guias honrados e estimados; enquanto não tiverdes o hábito de discursos vãos, ou enquanto não vos detiverdes no meio do caminho, satisfeitos com o pouco que hajas alcançado".

E acrescentava: "Aquele que sem desfalecimentos fica fiel à palavra da verdade, liberta-se deste oceano de nascimentos e alcança o termo da dor".

✦

E quando o seu dia, por ele mesmo previsto — chegou, deitou-se na sua esteira de palha, calmo e resignado e, das árvores em volta, as flores começaram a cair sobre ele, juncando o chão e cânticos celestiais começaram a soar nos espaços, entoados pelos devas, para honrar o sucessor dos budas perfeitos.

E ele mandou que um de seus discípulos saísse de sua frente para que os milhares de devas que ali estavam e que tinham vindo de todas as partes, pudessem assistir a sua morte e honrar a sua pessoa.

E estas foram as suas últimas palavras, que proferiu após haver feito amoráveis recomendações aos quinhentos discípulos ali presentes: "Guardai bem estas palavras, irmãos. Todos os compostos são perecíveis. Somente o espírito é imortal. Trabalhai com cuidado pela vossa salvação".

✦

E então ele entrou na sua primeira contemplação, depois subiu à segunda, à terceira e à quarta; depois alcançou a região do infinito do Espaço; depois a região do infinito da Inteligência; depois a região onde não há mais existência;

depois aquela onde não há mais idéias, nem ausência de idéias e onde cessam todas as percepções.

✦

E Ananda, seu venerável servo, fez a seguinte estância: "As almas encheram-se de pavor; os cabelos levantaram-se nas cabeças, quando aquele que era dotado de todas as qualidades, o Buda Supremo, morreu".

✦

E suas cinzas foram repartidas entre aqueles que o veneravam, sábios e reis e mendigos, e em sua honra foram erguidos inúmeros monumentos.

Inclinai-vos todos, e de mãos juntas, diziam, porque é difícil, muito difícil, ver um buda perfeito durante centenas de séculos.

✦

Como o Buda Gautama popularizou os ensinos que trouxe ao mundo, pouco tempo depois dele veio um buda secundário — Sankaracharia — que se esforçou para reenvolver o ensino no silêncio e no segredo das iniciações, serviço esse que foi feito em alguns mosteiros budistas principalmente no Tibete que guarda, ainda hoje, as mais aprofundadas verdades a respeito do ensinamento iniciático oriental.

IV

O Masdeísmo

Esta é a antiga religião persa e tem muitos pontos de contato com a religião védica — dos hindus — que já analisamos em suas linhas gerais.

Aliás, esses povos — persas e hindus — têm quase que as mesmas origens geográficas e etnográficas. Realmente, remontando séculos na história do mundo, vamos nos encontrar nas planícies centrais da Europa, onde dois povos diferentes, representando duas civilizações diferentes, se defrontam.

Um — de homens brancos, descendentes dos hiperbóreos — vindo do norte misterioso e frígido; outro — de negros — vindo do sul, mormente do continente africano, através do Mediterrâneo.

Esses dois grandes povos seguem estandartes perfeitamente opostos. Os negros ostentam o estandarte do Touro e são violentos e opressores, ao passo que os brancos, pacíficos, levantam o do Carneiro. Seu chefe é Rama, o eleito de Deus, merecedor de suas graças, o Enviado do Alto para guiar essa humanidade tão bárbara daqueles recuados dias da nossa história.

E para evitar a guerra e o extermínio entre as duas grandes raças e para preservar a raça branca, detentora já de um civilização mais avançada, Rama a conduz para o Oriente, localizando parte dela na Pérsia e outra parte diretamente na Índia.

Este acontecimento é conhecido na história como a "Invasão dos Árias" e marca o início da civilização oriental que a partir desse tempo fez-se mãe de quase todas as civilizações do mundo.

Por isso é que dissemos, ainda há pouco, que esses dois povos persa e hindu, têm quase a mesma origem.

Rama organizou a vida religiosa da Índia primitiva e seus códigos mais tarde foram introduzidos na Pérsia.

Mas, quanto à religião persa, em particular, seu fundador foi Zoroastro e seus ensinos estão condensados em vários códigos sagrados, dos quais o fundamental é o "Zend Avesta".

O conceito geral desta doutrina é o seguinte: quando o Ser Supremo — Ahura-Mazda — criou o mundo, criou também as forças antagônicas dos dois princípios: bem e mal. Esses princípios são representados pelas divindades Ormuzd, que personifica o bem e Arihman, que personifica o mal, e ambos são assistidos por gênios e demônios, a saber: os amshaspands e os devas, que os secundam na sua luta eterna.

Ambas as divindades agem sobre o mundo e sobre os homens, influenciando-os nos sentidos que lhes são próprios, cada um devendo se orientar pelo seu próprio livre-arbítrio e, ao fim dos tempos, quando o mundo chegar ao seu termo e os homens tiverem terminado sua evolução, os céus se abrirão para receber os frutos do trabalho universal e neles entrarão os homens, bem como a ele voltarão os deuses rivais, que tão relevante papel desempenharam na redenção do gênero humano.

Esta singular concepção nos dá uma idéia perfeita da

relatividade do bem e do mal e nos faz compreender, em toda a sua grandeza, a utilidade de ambos, nos primeiros degraus da evolução, para a nossa libertação espiritual.

Nesta religião, herdada dos Árias, e como na Atlântida, o culto predominante era o do fogo, que representava o Logos — a divindade visível — e ao mesmo tempo as chamas da luta espiritual que os homens deviam travar para vencer o mal.

Por toda a parte eram erguidos altares dedicados ao culto do fogo.

✦

Das grandes religiões do mundo esta foi a única que desapareceu.

Quando os maometanos conquistaram a Pérsia e ali introduziram, a fio de espada, a religião do Islã, cem mil zoroastrinos se passaram à Índia e seus remanescentes, em número de 8 a 10 mil, ainda lá existem hoje: são os "parsis", que tendem também a desaparecer, não só porque vivem isolados, não operam conversões à sua doutrina, como porque dado o insignificante número, serão forçosamente absorvidos pela massa ambiente, tanto mais que não se cruzam com indivíduos de outra religião. Vivem na cidade de Bombaim e se dedicam principalmente às profissões liberais, gozando de grande consideração popular.

V

O Judaísmo

A religião dos hebreus vem toda de Moisés, que era um sacerdote egípcio. A ligação entre os dois povos foi feita por José, um dos filhos de Jacó, habitante de Canaã quando, vendido como escravo, por seus irmãos, foi levado para o Egito e serviu na casa de Putifar, mordomo do faraó reinante.

Possuidor, como o próprio Moisés, de faculdades mediúnicas, logrou interpretar com segurança e sabedoria alguns sonhos simbólicos do rei, ao qual, além disso, sugeriu inteligentes medidas para o governo do país.

Em conseqüência o faraó nomeou o jovem hebreu para seu primeiro ministro, cargo que colocou José como a segunda autoridade de todo o reino.

Aplicando seu plano de salvar o Egito da fome em perspectiva, armazenou todo o trigo produzido pelo povo em anos seguidos e quando a fome surgiu, passou a vendê-lo de forma tal, com tal usura, que assenhoreou-se não só dos bens como, também, das próprias pessoas dos súditos do faraó; e estendendo seu processo aos países vizinhos, entrou também a absorver as riquezas que eles possuíam e que eram obrigados a entregar para não morrerem de fome.

Os hebreus, que moravam em Canaã, na Palestina, foram também em busca do trigo egípcio e lá deixaram seu contributo em pagamento; porém, tendo José reconhecido seus irmãos e desejando proteger sua própria raça, abriu-lhes as portas do país, entrando em primeiro lugar sua própria família, em número de setenta pessoas e em seguida milhares de outras.

Os hebreus ali então permaneceram e prosperaram.

Como diz o *Êxodo* de Moisés: "Os filhos de Israel frutificaram e aumentaram muito e multiplicaram-se e foram fortalecidos grandemente: de maneira que a terra se encheu deles". (Ex 1:7)

Após a morte de José e tendo o rápido crescimento do povo hebreu atemorizado os dirigentes egípcios, resolveram estes submetê-lo a trabalhos forçados, tanto no campo como nas cidades, mormente em construções de obras públicas. E quando mesmo assim, pelo seu número sempre crescente, o perigo social aumentou, o Governo egípcio deu ordens a todas as parteiras para que fossem sacrificadas, no nascimento, todas as crianças do sexo masculino, ordem esta que, entretanto, nunca chegou a ser cumprida com eficiência, o que determinou nova ordem e esta ainda mais violenta, de serem atirados ao rio todos os recém-nascidos desse sexo.

Era esta a situação quando em 1705 a.C. nasceu Moisés.

Seu verdadeiro nome era Assarsiph. Ao nascer foi escondido por seus supostos pais Amram e Jocabel, durante três meses e depois posto em um cesto de vime e feito deslizar pelo rio abaixo para ser recolhido, como o foi, por escravas da princesa Termutis, filha do faraó reinante, que se banhavam nessa hora.

Tendo-se apiedado da criança, Termutis a adotou, deu-lhe o nome de Moisés — salvo das águas — e conseguiu que fosse educado na corte, esmeradamente.

Assim o menino cresceu e foi instruído nos mistérios da

corte e dos santuários egípcios, tornando-se um influente chefe militar e, mais tarde, um sacerdote de Osíris.

Seu gênio impetuoso, porém, deu logo margem a que divergisse da orientação religiosa do santuário, criando assim uma dissensão no culto. Não admitia o simbolismo zoológico politeísta, nem tampouco as práticas e os ritos populares sobremaneira materializados na religião oficial e, nestas circunstâncias, teve de abandonar o sacerdócio.

Sua atitude, porém, e suas atividades militares, haviam-lhe granjeado o renome público e já nessa época começou a cercá-lo o prestígio de um reformador religioso; por isso foi acompanhado por uma multidão de adeptos.

Ele queria o "Inefável" adorado sem fórmulas, símbolos e ritos; adorado exclusivamente, em um templo digno dele, circundado de um território consagrado unicamente a Ele, onde permanecessem homens escolhidos, destinados ao culto e a serem instrumentos de Sua vontade única e suprema.

Prometia criar uma religião que seria a síntese social sem rigores sacerdotais, formalismos e impurezas, religião em que os homens se escravizassem somente ao Senhor Supremo.

Adquiriu assim grande notoriedade e prestígio sobre o povo e a respeito disso fala Lucas em "Atos dos Apóstolos", 7:22, dizendo: "Moisés tendo sido instruído em toda a sabedoria dos egípcios, era um homem poderoso em obras e palavras".

Quarenta anos viveu ele na corte como herdeiro presuntivo do faraó, porém, finalmente, guiado pelas forças do Alto refugiou-se no Midiã (ou Madiã, na Península do Sinai).

Pois foi dessa divergência doutrinária, desse repúdio ao politeísmo egípcio, similar ao hindu, que nasceu o judaísmo ortodoxo, intransigente, ferozmente monoteísta: "Adorarás a um só Deus".

E estes fatos se davam muito tempo antes que Moisés se tornasse o "condutor do deserto", o enviado de Jeová para a redenção de Israel do cativeiro no Egito, que já durava 430 longos anos.

Moisés é a figura central do judaísmo; mas os fatos da vida extraordinária desse Enviado do Mestre Jesus que muitos admitem ser um avatar crístico, não vamos aqui rememorar, não só por serem do conhecimento de todos aqueles que lêem o Velho Testamento, como também porque nosso intento é somente o de focalizar o caráter da religião que fundou.

Consciente de sua missão de estabelecer na Terra uma religião monoteísta, em cujo seio o Messias devia descer para realizar seu apostolado divino, depois que arrancou o povo hebreu da escravização egípcia e durante os quarenta anos em que o conduziu pelas regiões desertas e circunvizinhas, Moisés foi-lhe dando ensinamentos apropriados, incutindo-lhe na alma o respeito e o temor a um só Deus — Jeová.

A vida nômade que levavam não permitia aos hebreus construírem templos e por isso deu-lhes uma simples tenda, O Tabernáculo — a arca — e um código moral sintético: o Decálogo, a Tábua da Lei.

Para o momento isso lhes bastava, devendo estabelecer um corpo de doutrina que sobrevivesse e após seu desencarne, escreveu uma série de livros que vieram a formar o Pentateuco — cinco livros — que são os seguintes: o *Gênese*; o *Levítico* (livro do ritual e da legislação sagrada);

o *Êxodo*; os *Números* e o *Deuteronômio*, que enfeixam regras gerais sobre o culto, o sacerdócio, a administração da justiça, a política e os costumes, sendo que neste último está a despedida do Profeta quando, já às portas da Terra Prometida, seus dias chegaram ao fim.[10]

Para perpetuar os ensinos secretos de sua doutrina escolheu no seu povo 70 discípulos, com os quais formou seu cenáculo íntimo. Essa medida, aliás, foi-lhe recomendada do Alto porque assim consta dos "Números", 11:16-17,25: "O Senhor respondeu a Moisés: Juntai-me 70 homens, sábios de Israel, que souberdes mais instruídos e conduze-os à entrada do Tabernáculo, onde os fazei permanecer convosco. Eu descerei aí para vos falar; tomarei o espírito que está em vós e inspirar-lhes-ei".

"Então o Senhor, tendo descido na nuvem, falou a Moisés, tomou o espírito que estava nele e o infundiu a esses 70 homens. O espírito, apenas penetrado em cada um, tornou-os profetas e continuaram sempre assim."

Como se vê, esse cenáculo era pois de médiuns, que passaram a servir de apoio a Moisés e se destinavam a transmissões mediúnicas do Alto durante a vida ou após o desencarne do Profeta.

Os ensinos que vieram por esse colégio de médiuns e seus sucessores, além dos anteriormente citados, foram vazados em outros livros, cujos principais são: o *Sepher Jesirah*, ou livro da Criação, e o *Zohar*, ou o livro dos Princípios.

[10] Segundo outros historiadores, não foi Moisés o autor de todos estes livros, mas unicamente de *Gênese*, o primeiro deles.

O conjunto de ensinos, regras e conceitos religiosos, formado por todos os livros, tanto esses já citados como outros que lhe sucederam, forma a Tora — A Lei; e de tal modo essa Lei foi respeitada e obedecida pelo povo judeu, com tal rigor e severidade, que formou a religião mais intransigente, mais nacionalista e mais fanática que se conhece, Lei que até hoje perdura sem alterações, guiando e unindo os judeus espalhados pelo mundo inteiro.

✦

A *Gênese*, o primeiro dos cinco livros, Moisés a escreveu em caracteres egípcios, nos três sentidos, a saber: no demótico, no hierático e no hieroglífico, isto é, para entendimento do povo, dos letrados e dos sacerdotes; e seu verdadeiro significado, mantido pelos discípulos até um certo tempo, veio se obscurecendo mais tarde até desaparecer completamente com as adaptações e com os arranjos que lhe foram feitos.

Mas há elementos de penetração nesses ensinos originais nas obras de Fabre d'Olivet: *A língua hebraica reconstituída* e nas de Saint Ives d'Alveydre: *A Missão dos judeus*.

Em resumo, Moisés cumpriu sua missão, organizando o pensamento e a vida "de um povo de Deus". Rude e árida como foi a Lei, era no entanto aquela que mais servia e se aplicava a esse povo, ainda bárbaro e supersticioso.

Preparou assim os caminhos d'Aquele que veio orientar e formar os pensamentos e a vida de todos os povos como "filhos de um só Deus e irmãos uns dos outros".

VI

O Islamismo

O "Islã" — submissão à vontade de Deus — é o conceito fundamental desta religião também chamada maometismo ou muçulmanismo.

O islamismo surgiu 600 anos depois de Cristo e tem muitas ligações com o Velho Testamento de Moisés, sendo comuns do hebraísmo e do islamismo, várias personalidades históricas e religiosas como Elias, Abraão, Ismael, etc.

O *Alcorão* é seu livro sagrado, ditado pelo profeta Maomé e **manda** que os muçulmanos convertam os povos estranhos, denominados "infiéis" e o façam empregando até mesmo a espada, o que deu margem a futuras guerras sanguinolentas e extensos morticínios, mormente de cristãos.

Seus adeptos somam aproximadamente 120 milhões de crentes e seus redutos estão hoje, como sempre estiveram, com os povos árabes e seus descendentes da Ásia Menor, da África e da Índia.

✦

Mohammed — o fundador — nome que significa "aquele que será louvado", nasceu em Meca, em 570, na tribo privilegiada dos Koreish, que tinha o encargo de guardar a Caaba, templo famoso ali existente, edificado junto à fonte

Zem-Zem, onde antigamente Agar — mulher que Abraão abandonou — de passagem pelo deserto descansou, conduzindo seu filho Ismael, que é o patriarca dos árabes.

Junto dessa fonte existia também uma pedra negra (um aerólito caído do céu) e que, já nesse tempo, recebia a reverência dos crentes.

A esse templo da Caaba afluíam multidões de peregrinos bárbaros, vindos do deserto, que ali homenageavam deuses materiais de madeira, aos quais imolavam vítimas humanas ao mesmo tempo em que rendiam culto à fonte e à pedra negra, realizando rituais da mais baixa idolatria.

E interessante é verificar que nos dias de hoje o mesmo regime prevalece, pouca coisa tendo mudado, pois que, de toda parte do mundo muçulmano, caravanas se movimentam rumo à cidade sagrada, em peregrinação religiosa, todos os anos, a pé, de camelo, de automóvel e de avião.

Lá chegados os peregrinos, guiados por sacerdotes especiais e em obediência a rituais severos e exclusivistas, fazem preces ao redor da Caaba (enorme edifício coberto de pano negro e onde julgam os crentes que está contido o espírito de Deus); visitam a fonte sagrada e osculam fervorosamente a pedra negra, já agora em parte gasta pelo contato secular de milhares de lábios.

Ali, cenas horríveis têm lugar pela aglomeração de gente, pelo calor, pelo cansaço dos cerimoniais que duram vários dias, pela ausência de higiene e pelo desconforto geral.

Após esses atos piedosos os crentes regressam a seus lares, onde serão recebidos com festas e honrarias e quando então recebem o título de "hadji", que é conferido àqueles que fizeram a peregrinação à Meca.

✦

Educado por seu tio Abud Taleb, Maomé cresceu inculto e rude, como condutor de camelos e nesse mister teve oportunidade de viajar muito, instruindo-se nos costumes e na vida dos povos vizinhos; seus contatos com os cristãos e com os judeus principalmente, foram-lhe úteis pois permitiram-lhe penetrar nos detalhes das respectivas religiões e conhecer os problemas que originavam entre eles violentas e intermináveis disputas teológicas.

Com a idade de 14 anos começou Maomé a sentir perturbações psíquicas de caráter mediúnico como tonturas, alucinações, visões, zumbidos nos ouvidos, e esses fatos o levaram a procurar no isolamento do deserto a reparação necessária de sua estabilidade e controle psíquicos.

✦

Aos 18 anos entrou para a vida militar fazendo-se guerreiro e tomou parte em sangrentos combates entre tribos hostis, chafurdando no sangue, na violência material que deveria, aliás, um pouco mais tarde, formar o seu natural ambiente de vida pessoal. Voltando à ocupação primitiva de comerciante ambulante, empregou-se como caravaneiro da rica viúva Kadijah, mulher de temperamento místico, com quem, em seguida, consorciou-se, e cuja fortuna serviu para a expansão de suas atividades religiosas nascentes.

Manifestando-se de novo as perturbações mediúnicas e seguindo o exemplo de outros devotos de seu tempo, passou a se isolar no deserto periodicamente, habitando grutas abandonadas onde permanecia longo tempo em meditações, à espera de algo sobrenatural que sua intuição, já em parte desperta, lhe fazia prever.

Aos 40 anos, enfim, a revelação veio na forma de uma visão do anjo Gabriel (segundo noticiou), o qual lhe falou da existência de um só Deus soberano — Alla-Hakbar — o mesmo Eloha-Hakbar do Antigo Testamento, que devia ser adorado única e exclusivamente, como o fora antigamente pelos judeus.

Essa crença em um só deus, que devia ser difundida entre o povo árabe e levada em seguida a todos os povos, se contrapunha violentamente ao culto idólatra dos árabes, e quando o profeta iniciou sua pregação, foi imediatamente tachado de louco, apupado, ridicularizado, apedrejado.

Contudo perseverou, pregando a misericórdia e a mansidão e exemplificando com seus atos aquilo que recomendava ao povo; isso o fez durante três anos, findos os quais verificou que somente possuía três discípulos e se avolumara contra ele o ódio do povo, o escárnio e o desprezo das tribos.

Persistindo todavia no mesmo intento desencadeou contra seus discípulos a fúria popular e ele mesmo teve de fugir de Meca quando 40 homens, representando 40 tribos, assumiram o juramento de matá-lo.

Esse acontecimento, nos anais islâmicos, se chama Hégira — a grande fuga.

O profeta alcançou com vida a cidade de Medina, onde havia uma grande população de judeus e ali pôde pregar sua doutrina livremente.

Tinha então 52 anos de idade, porém, com os

acontecimentos anteriores, as perseguições e as hostilidades de toda ordem, seus sentimentos religiosos se modificaram completamente: já não pregava a paz mas sim a guerra; não mais a doçura e a compaixão, mas a violência e a morte.

Começou organizando um bando de salteadores que atacavam desapiedadamente as caravanas de Meca, travando com elas verdadeiros combates e após muitas lutas, tendo-as vencido completamente e se apoderado de vastas regiões, o profeta comemorou sua vitória mandando exterminar 900 judeus de Medina, que declararam não acreditar no seu messianismo.

A partir de então nada mais o deteve: aumentou consideravelmente suas forças, ganhou prestígio popular e militar, tornou-se poderoso no seu país e pregou a guerra santa, para firmar o culto de Allá pela violência e pelo sangue.

Nessa ocasião começou a escrever o *Alcorão*, cujas suras[11] ditava aos discípulos em qualquer ocasião ou circunstância, obrigando estes a escrevê-las, às vezes, até mesmo em pedras lisas e brancas, na falta de material mais conveniente.

Esse livro longe está, pela sua natureza e pelo seu conteúdo, de se poder aparelhar com os demais códigos religiosos do mundo, seja pela inferioridade dos conceitos, pela pouca significação doutrinária, seja pela falta de elevação moral construtiva.

Maomé, no auge de sua força e nos últimos dez anos de sua vida aventurosa, esteve sempre de espada na mão, afrontando o mundo e o atemorizando com a ameaça: "O Alcorão ou a morte".

[11] Versículo do Corão, conforme *Dicionário Enciclopédico Koogan Larousse Seleções*. (Nota da Editora)

Morreu aos 62 anos de idade, não antes, porém, de se declarar ele mesmo: "O único pastor de Allá".

✦

Como fundador de religião atingiu ele seu objetivo e criou um edifício sólido; seus métodos porém, de violência e de impiedade, são condenáveis perante a razão e o sentimento humanos.

Foi porém firme e inflexível na sua fé: desde que recebeu a revelação espiritual marchou impavidamente para o alvo e expandiu o nome de seu deus até onde atingiu a força do seu braço.

Por isso, o grito de guerra dos crentes muçulmanos, ao entrar em batalha e que bradam com extremo fanatismo é o seguinte:

"Somente Allá é Deus e Maomé o seu profeta."

✦

Após a morte do profeta e conforme sempre acontece, é que, realmente, se estabeleceu o islamismo como religião oficial dos árabes e sua direção esteve sempre em mãos de seus descendentes, formando uma teocracia.

Mais tarde formou-se uma monarquia militar com um califado soberano, que expandiu o islamismo pela Europa, pela Ásia e pelo Mediterrâneo até que, no segundo século, o Islã descentralizou-se em vários países continuando porém a expandir-se pelo oriente até a China e a Índia.

✦

Como o direito muçulmano tem base essencialmente religiosa, os códigos são comuns e neles se contêm prescrições sobre a purificação exterior, as orações e os jejuns legais, as peregrinações à Meca, o casamento, os negócios, a vida espiritual, etc., sendo curioso notar que, após a morte, o crente que se submeteu a Allá e cumpriu os ritos, gozará de bem-aventurança e viverá uma vida de delícias voluptuosas.

✦

Esteja onde estiver e seja em que circunstâncias for, o muçulmano, à hora da prece legal, volta-se para Meca e prostra-se com o rosto em terra; e em suas cidades essa hora é anunciada pelo muezin, sacerdote especial, que sobe a um edifício dominante e, em altas vozes, convida o povo à oração, cantando suras do Alcorão.

VII

O Cristianismo

O título desta religião vem do designativo "cristo" — o ungido — o Messias salvador — dado a Jesus de Nazaré, que viveu na Palestina, na época da dominação romana, sob os reinados de Augusto e Tibério, sendo crucificado em Jerusalém, com 33 anos de idade.

Oficialmente compreende católicos-romanos, protestantes e ortodoxos, se bem que, em sentido mais geral, abrange todas as seitas e doutrinas filiadas, dependentes ou afins, dessas três divisões principais; e num sentido ainda mais amplo abrange todos aqueles que aceitam a Jesus como mestre divino e salvador.[12]

Mas nos últimos tempos surgiu uma doutrina cristã ainda mais avançada, o espiritismo, revelada por instrutores desencarnados e que tem plena autoridade porque melhor se ajusta à promessa evangélica de serem dados ao mundo, oportunamente, conhecimentos mais completos e mais perfeitos da vida espiritual

Segundo o espiritismo, com esse nome de Jesus, baixou à Terra, naquela época, um espírito sublimado, de soberana hierarquia, arquiteto e governador do orbe e segundo outros

[12] Usualmente se confunde catolicismo-romano com cristianismo no sentido de crer que cristão é somente o católico-romano, que como mostramos, é um erro grosseiro.

de todo o sistema planetário de que o nosso orbe faz parte; pastor divino de rebanhos humanos inumeráveis que habitam e evoluem nessas inúmeras esferas de atividade espiritual, de diferentes condições físicas e morais, que constituem o setor reservado à Terra no infinito universo.

Baixou à Terra como uma nova aliança de misericórdia entre Deus e os homens, para confirmar e completar os ensinamentos já transmitidos anteriormente por ele mesmo ou por enviados seus em diferentes épocas e regiões, como Rama, Krishna, Lao-tsé, Buda, Zoroastro, Hermes, Moisés e outros dessa fulgurante plêiade de instrutores espirituais do mundo, que a tradição esotérica muitas vezes confundiu com a própria divindade; veio para dar novo impulso e novo rumo à marcha da humanidade, que aqui na Terra ensaia os primeiros passos da sua evolução consciente, mostrando e exemplificando que o sentimento é fator mais perfeito que o intelecto, porque o amor é a lei soberana e definitiva dessa mesma evolução.

Sua vinda foi precedida de uma milenar e universal expectativa sobre um Messias que viria libertar o gênero humano de suas desgraças e imperfeições.

Era esperado a qualquer momento em todo o mundo, na China, na Ásia, na Pérsia, na Índia, vindo finalmente no seio do povo judeu que Moisés, o último enviado havia, como já vimos, convenientemente preparado para tal advento.

Esse privilégio foi dado aos judeus entre outras razões por convir localizar o acontecimento em ponto eqüidistante do oriente e ocidente; por estar a Palestina mais próxima do maior centro civilizado e político da época — Roma — e por serem eles, os judeus, o único povo monoteísta daquela época e um dos remanescentes sofredores das legiões emigradas da

Capela, que já haviam recebido de Jesus a promessa de sua divina compaixão.

✦

O cristianismo na realidade nasceu somente após a crucificação de Jesus, tendo, em seus primeiros tempos, aspectos bem diferentes dos que mais tarde foram introduzidos por seus seguidores.

Nesses primeiros dias, após o tresmalho do rebanho de discípulos, foram estes novamente se reunindo em Jerusalém em torno de Pedro, o discípulo mais autorizado e, como aguardavam a volta de Jesus para daí a pouco tempo, passaram a viver em comunidade, repartindo fraternalmente esperanças e bens. Chamavam-se Irmãos do Caminho, Nazarenos, Discípulos do Carpinteiro e por fim surgiu o título definitivo de Cristão.[13]

Entretanto, como o tempo passava e não se dava a esperada volta do Messias, reuniram-se os apóstolos novamente na casa de Maria, sua mãe, em Nazaré, indicaram Pedro como diretor espiritual, escolheram seu campo de ação individual e partiram para seus destinos compromissados de se dedicarem à propagação dos ensinamentos do Divino Mestre, dando os testemunhos necessários principalmente entre as classes pobres e sofredoras, promovendo uma verdadeira revolução espiritual; e como o que seus adeptos pregavam era fraternidade, igualdade e submissão a Deus,

[13] Sugerido pelo evangelista Lucas. Vide *Paulo e Estevão*, F. C. Xavier, Editora FEB. (Nota da Editora)

coisas portanto contrárias à corrupção e ao absolutismo dominante, em breve começou contra eles a perseguição dos poderosos.

Apesar da solidariedade que os unia surgiram, entretanto, as primeiras divergências quando Saulo de Tarso, após sua conversão, entendeu que a doutrina deveria ser pregada indistintamente a judeus e estrangeiros, ao passo que a corrente ortodoxa, reunida em torno de Pedro e Tiago, julgava que a revelação não deveria passar das fronteiras do povo eleito.

Mas Paulo, perseverando, levou sua palavra ardorosa e convincente a muitos países estranhos e tornou-se, por isso, sem a menor dúvida, o fator mais ativo da propagação cristã pelo mundo.

Recrudescendo, entretanto, as perseguições, foram sendo então ceifados os primeiros propagadores: Pedro foi crucificado e Paulo decapitado, ambos em Roma, João perseguido, torturado e exilado em Patmos, Marcos tombou no Egito, Mateus na Etiópia, Lucas na Bitínia, Judas na Pérsia, Tiago em Jerusalém e, num crescendo espantoso de renúncia e de fé, centenas de milhares de adeptos foram sendo eliminados em diferentes épocas e lugares, principalmente em Roma e nas arenas dos anfiteatros da Itália e colônias romanas do exterior.

Esse primeiro período do cristianismo vai até quando o imperador Constantino oficializou a religião, outorgando-lhe o primeiro grau do poder temporal e, ao mesmo tempo desviando-a de seu verdadeiro rumo e finalidade espirituais.

Quando, nesse dia, os sinos repicavam anunciando essa vitória de César, a história escreveu, do futuro catolicismo romano, a primeira, a mais profunda e mais lamentável derrota.

Nessa época, sérias e novas divergências haviam surgido entre os cristãos, trazendo enorme confusão entre os adeptos. Surgiram várias correntes: gnósticos, que pregavam a obtenção do conhecimento pela iluminação própria; os maniqueus, que proclamavam as concepções masdeístas de bem e de mal; os arianos, que negavam a natureza divina de Jesus; os ebionistas e os ceritos, que negavam que Jesus fosse Deus; os basilidianos, que negavam sua humanidade; os nicolaitas e os simonitas, que eram intemperantes e pregavam a salvação unicamente pela fé; os nestorianos, que dividiam a pessoa de Cristo; os pelagianos, que negavam a fatalidade do pecado original; enfim, uma infinidade de correntes de pensamentos todos de cunho filosófico ou especulativo, que muito se afastavam dos primitivos ensinamentos apostólicos.

Então, como remate a tão grande confusão, o imperador reinante Juliano, chamado o Apóstata — sobrinho de Constantino, deliberadamente reuniu os representantes de todas essas correntes em Constantinopla, pondo-os face a face, deixou que discutissem por vários dias e, por fim, à vista da inevitável discordância geral, dissolveu o congresso, proclamando a falência do cristianismo, com o argumento sofístico de que tal religião nada mais representava que um conjunto de cismáticos, bárbaros e fanáticos.

Mas, no entanto, do ponto de vista material, o cristianismo progredia desde a oficialização de Constantino; o sacerdócio se organizava em casta poderosa e os bispos de Roma, em luta aberta com o patriarcado de Constantinopla, sede então do império romano decadente, já se preparavam para o completo domínio político e religioso do mundo.

Essa luta entre Roma e Constantinopla durou séculos, vencendo por fim Roma com a criação do papado e com a centralização em suas mãos de todo o poderio religioso, muito embora sem poder vencer a resistência do chamado oriente que, então, cindiu-se passando a formar o ramo cristão ortodoxo e cismático a que já nos referimos, e que engloba os cristãos gregos, sírios, russos e outros, correntes estas que permanecem separadas até os nossos dias.

✦

Correu porém o tempo, e na Idade Média, como as heresias, isto é, as divergências permanecessem em muitas partes, o Vaticano criou dois novos e poderosos agentes de dominação e reacionarismo: a chamada Santa Inquisição, que exterminou em todo o mundo milhares de cristãos e as Ordens Mendicantes, que se espalharam por todos os países como agentes tenebrosos do papado ameaçando, espionando, seduzindo, denunciando e sobretudo, extorquindo dinheiro.

Esse foi o período áureo durante o qual o poder do papa romano era maior que o dos reis e ditava ao mundo suas leis, sem apelação, em nome do Cordeiro, cujos ensinos todavia conspurcava, com sua própria corrupção e violência.

Mas, como a evolução não se detém, esse grande e quase invencível poderio viu crescer em torno de si uma onda de protestos irreprimíveis e sofreu duro golpe com a cisão protestante do século XVI, que rejeitava a autoridade do papa, mandava divulgar a Bíblia para esclarecimento dos espíritos, repudiava a santimônia, a confissão e outros dogmas e imposições obscurantistas do catolicismo.

Acendeu-se por isso tremenda guerra religiosa que durou séculos, sacrificando novamente milhares de cristãos e que ainda hoje perdura, se bem que controlada em seus excessos pelas leis e pelas conquistas liberais da civilização atual.

E, nos dias que correm, forças poderosas, de novas ideologias, mais avançadas, ameaçam os baluartes dessas religiões espiritualmente decadentes, que já não satisfazem mais a consciência livre e melhor esclarecida das novas gerações de homens que se esforçam, eles mesmos, para o advento de um mundo renovado, à luz dos verdadeiros ensinamentos cristãos, segundo o espírito e não a letra ou os interesses da vida material, grosseira e utilitária.

✦

Os códigos doutrinários do cristianismo em linhas gerais são:

A Bíblia, que se divide em Velho e o Novo Testamento, o primeiro contendo os cinco livros de Moisés, e mais: Juízes, Reis, Crônicas, Salmos, Profetas, etc., todos referentes à vida do povo de Israel antes da vinda de Jesus; e o segundo, que enfeixa as narrativas da vida e dos ensinos de Jesus e que contém os evangelhos de Mateus, Marcos, Lucas e João, os Atos dos Apóstolos, as Epístolas de Paulo, de Pedro, Tiago, João e Judas, e o Apocalipse de João, sendo que, para o catolicismo romano, ainda existem as Decisões Canônicas, que são resoluções de concílios mais ou menos ecumênicos, sobre matéria de fé e de procedimento religioso, decisões essas que exercem maior influência que os próprios Evangelhos.

E sobre os Evangelhos convém fazer ainda uma última observação que é a seguinte: eles foram compilados, após a crucificação de Jesus, pelos seus discípulos, que os redigiram de memória, segundo aquilo que viram diretamente ou ouviram de terceiros.

Esses Evangelhos, nos primeiros tempos, constituíam folhas avulsas que circulavam entre os adeptos dum lugar para outro e eram lidos e comentados nas reuniões em comum.

Mais tarde foram se reunindo em livros e seu número era tão numeroso que, pelo ano 400, o bispo Damaso encarregou o frade Jerônimo de enfeixá-los num só livro, traduzindo-os para o latim.

De setenta e dois evangelhos[14] que recolheu, São Jerônimo selecionou os quatro que conhecemos. Três dos quais (Mateus, Marcos e João) foram escritos por testemunhos pessoais dos fatos neles narrados. Esses evangelhos passaram a ter existência oficial com o nome de Vulgata Latina.

Todos os demais foram considerados apócrifos, isto é, não autênticos, para efeito dessa oficialização.

Os Evangelhos oficiais sofreram inúmeras alterações seja por parte dos católicos-romanos, seja pelos protestantes, afastando-se, assim, consideravelmente, dos ensinos originais e verdadeiros transmitidos por Jesus.

O que se sabe com segurança é que o mais autêntico dentre eles é o chamado Evangelho segundo Mateus, escrito durante a vida de Jesus e, provavelmente, influenciado por ele.

[14] Em outra obra do Autor — *O Redentor* —, Edgard Armond relaciona os nomes dos evangelhos considerados apócrifos. (Nota da Editora)

VIII

Iniciação Cristã Primitiva

O cristianismo primitivo, como todas as demais religiões do passado, tinha uma face oculta que compreendia mistérios e revelações, dados somente a poucos daqueles que eram julgados aptos a guardar tais ensinos.

O próprio Mestre Jesus ensinava ora por parábolas, destinadas ao povo inculto, ora diretamente aos apóstolos quando lhes dava, então, explicações mais claras e avançadas sobre os ensinos.

Veja-se o que diz Marcos 4:10-11, 33-34, a respeito da parábola do semeador. "Quando esteve só, os que estavam junto dele com os doze lhe perguntaram sobre a parábola e ele lhes disse: "A vós vos é dado conhecer os mistérios do reino de Deus mas, **aos que estão fora** (o negrito é nosso) todas as coisas se comunicam por parábolas".

A frase **estão fora** é significativamente clara.

E, mais adiante: "E com muitas parábolas semelhantes dirigia-lhes a palavra conforme podiam compreendê-la; e não lhes falava sem parábolas mas, em particular, explicava tudo a seus discípulos".

Em Mateus 13:10-11, lá está escrito: "Chegando-se a ele os discípulos perguntaram: Por que lhes falas em parábolas? Respondeu-lhes: Porque a vós vos é dado conhecer os mistérios do Reino dos Céus mas a eles não lhes é dado isso".

No versículo 13 ele diz: “Por isso lhes falo em parábolas, porque vendo não vêem e ouvindo não ouvem nem entendem”.

Nos versículos 34 e 35 consta: “Todas estas coisas falou Jesus ao povo em parábolas e nada lhes falava sem parábolas; para que se cumprisse o que foi dito pelo profeta: Abrirei em parábolas a minha boca e publicarei coisas escondidas desde a criação”.

Quando se referiu à vida do mundo e à vida do espírito ele disse: “Porfiai em entrar pela Porta Estreita porque vos digo que muitos procurarão entrar e não poderão”. Lucas, 13:24.

E noutro ponto: “Entrai pela Porta Estreita porque larga é a porta e espaçoso o caminho que leva à perdição e muitos são os que entram por ela; porém estreita é a porta e apertada a estrada que conduz à vida e poucos são os que acertam com ela”. Mateus 7:13-14.

Em Lucas, 17:20-21 — perguntado quando viria o Reino de Deus respondeu: “O Reino de Deus não vem visivelmente… está em meio de vós”.

No mesmo capítulo, versículos 34-35 referindo-se à vinda do Filho do Homem para julgamento dos pecadores, Jesus mostrou claramente a diferença entre iniciados e leigos, dizendo: “Naquela noite, de dois homens deitados na mesma cama um será tomado e outro será deixado; de duas mulheres que estiverem moendo juntas, uma será tomada e outra será deixada”.

Veja-se ainda como é clara a alusão aos ensinos iniciáticos cristãos a passagem referente à mulher fenícia relatada por Mateus e por Marcos, conforme a seguir.

Mt 15:21-28; Mc 7:24-30

E partindo Jesus dali, foi para as partes de Tiro e Sídon e eis que uma mulher cananéia, que saíra daquelas cercanias, clamou dizendo: Senhor Filho de David, tem misericórdia de mim, que minha filha está miseravelmente endemoninhada.

Mas ele não lhe respondeu palavra. E os seus discípulos chegando aos pés dele rogaram-lhe dizendo: Despede-a que vem gritando após nós.

E ele respondeu dizendo: Eu não sou enviado senão às ovelhas perdidas da Casa de Israel.

Então chegou-se ela e adorou-o dizendo: Senhor, socorre-me.

Ele porém disse: "Não é bom pegar no pão dos filhos e deitá-lo aos cachorrinhos."

E ela disse: Sim, Senhor, mas também os cachorrinhos comem das migalhas que caem da mesa dos seus senhores.

Então respondeu Jesus e disse: Oh, mulher! Grande é a tua fé: seja-te feito como tu desejas. E desde aquela mesma hora a sua filha ficou sã.

✦

Tudo isso é grandemente expressivo na demonstração de que havia, realmente, um ensinamento exterior dado ao povo inculto e outro, mais avançado, que era dado aos discípulos, secretamente.

Com base neste fato, após a morte de Jesus e sobretudo por causa das perseguições movidas contra seus seguidores, organizou-se um sistema de ensino secreto, de iniciação particular, com ritual e símbolos próprios, somente concedida aos que fossem considerados merecedores de confiança.

Qual era, por exemplo, o sinal de reconhecimento individual dos cristãos nesses primeiros tempos?

Era um peixe que, normalmente, desenhavam no chão com uma vara, um bastão ou, mesmo, nas paredes com o dedo.

O peixe era o símbolo do silêncio, do segredo, do mistério.

Outro símbolo, assim como este, até hoje usado, era a cruz que significava para os cristãos daquela época renúncia, sacrifício e piedosa recordação daquele que morreu crucificado para a salvação do mundo.

✦

A regra do ensinamento iniciático sempre foi esta: de não se fornecer ensinamentos avançados a pessoas não capazes de empregar esses ensinamentos no bem geral, utilizando-os em benefício próprio ou promovendo malefícios.

Na antiga Atlântida esses conhecimentos foram ministrados sem maiores cuidados[15], não só aos que os mereciam por sua elevação moral e pureza de intenções, como indistintamente a todos que o desejassem.

Esses ensinamentos eram transmitidos ao povo em cursos públicos, como se ensinam hoje matérias científicas em escolas oficiais. Desta forma os homens daqueles tempos se converteram em poderosos detentores de conhecimentos espirituais que os levaram logo à prática da maldade; por isso

[15] Vide obra do mesmo autor, *Na Cortina do Tempo*. (Nota da Editora)

os costumes e a religião degeneraram e o continente foi afundado nas águas do oceano que até hoje lhe guarda o nome.

Esta é a razão pela qual as doutrinas em geral possuem, como dissemos de início, uma parte exterior que se ministra ao povo e uma outra, oculta, secreta, que só se transmite a pessoas selecionadas.

De certa forma as dificuldades que encontramos hoje para realizar um espiritismo elevado, verdadeiro, isento de superstições, imune de confusões com terreiros e macumbas, vêm justamente da falta de preparação prévia, intelectual e espiritual, por parte dos seus seguidores e dirigentes. Conquanto a popularização do espiritismo seja uma das mais belas e elevadas de suas características, todavia isto não impede que seja de rigorosa necessidade a preparação a que nos referimos, sobretudo para que a doutrina possa ser compreendida no seu devido significado.

Sem mistérios, porém, também sem ignorância e superstições, eis o que se deseja para a educação doutrinária dos Espíritas.

✦

Na antiguidade, após o período de purificação pessoal, os candidatos eram iniciados nos chamados — Mistérios Menores — que envolviam estudos e práticas preliminares, como preparação aos Mistérios Maiores, que revelavam coisas mais altas referentes a Deus, ao Universo e às criaturas.

Desde muito antes do cristianismo havia escolas iniciáticas no Egito, às quais concorriam interessados dos países vizinhos, principalmente da Grécia; os Mistérios de

Mitra na Pérsia; os de Orfeu e de Baco, de Dionísio e de Elêusis, na Grécia; os de Samotrácia e os de Cítia; os da Caldéia e outros, todos familiares aos que se interessavam pela formação espiritual mais avançada.

Os conhecimentos ali ministrados não eram banais, tanto assim que eram freqüentados e gabados por eminentes personalidades daqueles tempos, sábios de renome como, por exemplo, Píndaro, Sófocles, Isócrates, Plutarco, Platão, Sólon e muitos outros.

O mais importante que neles se ensinava era justamente o que se referia à imortalidade da alma, à vida *post-mortem*, conhecimentos dos quais o ensino religioso popular, não-secreto, era jejuno.

O resumo das concepções filosóficas dos primeiros tempos do cristianismo, quando os ensinamentos iniciáticos eram mais rigorosos, pode ser dado por Plotino e Jâmblico, ambos da corrente neoplatônica.

Plotino, que viveu no século II a.D.[16], ensinava um Deus único, Supremo, acima da existência e inacessível à razão. Deus imutável, que lança uma imagem de si mesmo Nous — (mente universal) que constitui o sistema de idéias do mundo intelectual. A alma para ele é um produto de Nous e com seu movimento engendra a matéria corporal. O fim da vida humana, dizia ele, é desprezar o mundo material e unir-se ao **uno**.

Jâmblico, que viveu no século IV dizia: "Todas as coisas emanam do **uno** e para ele voltam e para sua completa dominação".

[16] a.D. abreviatura que significa *anno Domini* (no ano do Senhor).

Em resumo: um deus criador e uma alma que evolui na matéria devendo voltar a Deus, na eternidade do tempo.

Em todas as iniciações se utilizava o sistema de símbolos justamente para velar o ensinamento, sintetizando-o o mais possível, tornando-o assim inacessível ao vulgo supersticioso e idólatra.

O ponto culminante dos Mistérios era a conversão do iniciado em um deus, fosse por união com um ser divino, fora dele, fosse pela realização do ser divino existente nele mesmo.

✦

Os hebreus possuíram também sua iniciação, em tempos muito recuados. Samuel, em Naiote, mantinha uma escola destas: I Sm, 19:18-24. Em Betel e Jericó, da mesma forma, havia escolas secretas, como consta de II Reis, 2:2-11.

I Sm 19:18-24

Assim David fugiu e escapou e veio a Samuel, em Ramá; e foram ele e Samuel e ficaram em Naiote.

E o anunciaram a Saul dizendo: eis que David está em Naiote, em Ramá.

Então enviou Saul mensageiros para trazerem David, os quais viram uma congregação de profetas profetizando, onde estava Samuel que presidia sobre eles; e o espírito de Deus veio sobre os mensageiros de Saul e também eles profetizaram.

E avisado disso Saul enviou outros mensageiros e

também estes profetizaram; então enviou Saul ainda uns terceiros mensageiros, os quais também profetizaram.

Então foi também ele mesmo a Ramá e chegou ao poço grande que estava em Secu; e perguntando disse: onde estão Samuel e David? E disseram-lhe: Eis que estão em Naiote, em Ramá.

Então foi-se lá para Naiote e o mesmo espírito de Deus veio sobre ele e ia profetizando até chegar a Naiote, em Ramá.

E ele também despiu os seus vestidos e ele também profetizou diante de Samuel.

✦

Assim, da mesma forma, o cristianismo primitivo teve sua iniciação mística secreta, funcionando paralelamente aos ensinamentos comuns fornecidos ao povo.

Nessa iniciação, que se baseava mais que tudo na orientação programada em Alexandria, se ensinava que o Cristo era o Logos encarnado que nasce no homem e neste se desenvolve sendo, para isso, necessário obter purificação prévia que o adepto adquiria com a conquista dos seguintes atributos ou virtudes, devidamente comprovados pelos Apóstolos, como se prova com as seguintes transcrições:

a) **DISCERNIMENTO (sobre o que é real e o que é ilusório)**

II Cor 5:17-18

Assim que, se alguém está em Cristo, nova criatura é; as coisas velhas já passaram; eis que tudo está feito novo.

E tudo isso provém de Deus que nos reconciliou consigo mesmo por Jesus Cristo e nos deu o ministério da reconciliação.

Hebr 5:12-14

Porque devendo já ser mestres, visto o tempo, ainda necessitais de que se vos torne a ensinar quais sejam os primeiros rudimentos das palavras de Deus; e vos haveis feito tais que necessitais de leite e não de sólido alimento.

Porque qualquer que ainda se alimenta de leite não está experimentado na palavra da justiça porque é menino.

Mas o mantimento sólido é para os perfeitos, os quais já pelo costume têm os sentidos exercitados para discernir tanto o bem como o mal.

b) **DESAPEGO (abandono das coisas materiais)**

Lc 14:25-27

E voltando-se disse: Se alguém vier a mim e não aborrecer a seu pai, e mãe, e mulher, e filhos, e irmãos, e irmãs e ainda também à sua própria vida, não pode ser discípulo.

E qualquer que não levar a sua cruz e não vier após mim não pode ser meu discípulo.

c) **AUTODOMÍNIO DE PENSAMENTOS E ATOS**

Mt 5:28-29

Eu vos digo porém que qualquer que atentar numa mulher para a cobiçar já em seu coração cometeu adultério com ela.

Portanto se o teu olho direito te escandalizar, arranca-o e atira-o para longe de ti, pois que é melhor que se perca um dos teus membros do que todo o teu corpo seja lançado no inferno.

d) **CAPACIDADE DE SOFRER (inúmeros exemplos, haja vista a vida de Jó)**[17]

e) **TOLERÂNCIA**

Lc 9:49-56

João disse: Mestre, vimos um que em teu nome expulsava os demônios e lho proibimos porque não te segue conosco.

E Jesus lhes disse: Não lho proibais porque quem não é contra nós é por nós.

E não tendo alguns samaritanos agasalhado discípulos que ele enviara adiante no caminho, propuseram que fossem eles destruídos ao que Jesus retrucou: Vós não sabeis de que espírito sois. Porque o Filho do Homem não veio para destruir as almas dos homens mas para salvá-las.

f) **FÉ**

Hebr 11:17-33

Pela fé ofereceu Abraão a Isaque, quando foi provado.

Pela fé Isaque abençoou Jacó e Esaú.

Pela fé Jacó, próximo da morte, abençoou cada um dos filhos de José.

Pela fé Moisés foi preservado e posto sobre as águas.

[17] Vide Jó 1:13-22 e Jó 2:7-10. (Nota da Editora)

Pela fé Moisés sendo já grande recusou ser chamado filho da filha do faraó.

Tendo por maiores riquezas o vitupério de cristão do que os tesouros do Egito.

Pela fé deixou o Egito não temendo a ira do rei.

Pela fé celebrou a páscoa e o derramamento de sangue.

Pela fé passaram o Mar Vermelho como por terra seca.

Pela fé caíram os muros de Jericó.

Pela fé os profetas venceram reinos, exercitaram justiça, alcançaram promessas, fecharam as bocas dos leões.

Mt 17:20

E a respeito da cura de um obsedado que os discípulos não puderam curar, Jesus ensinou dizendo:

Por causa de vossa pouca fé, porque em verdade vos digo que se tivésseis fé como um grão de mostarda, diríeis a este monte: passa daqui para acolá e havia de passar e nada vos seria impossível.

g) **EQUILÍBRIO**

II Cor 6:3-10

Não dando nós escândalos em coisa alguma.

Antes, como ministros de Deus, fazendo-nos agradáveis em tudo.

Nas aflições, nas necessidades, nas angústias.

Nos açoites, nas prisões, nos túmulos.

Nos trabalhos, nas vigílias, nos jejuns.

Na pureza, na ciência, na longanimidade, no Espírito Santo.

Na palavra da verdade, no poder de Deus, pelas armas da justiça à direita e à esquerda.

Por honra e por desonra, por infâmia e por boa fama, como enganadores e sendo verdadeiros.

Como desconhecidos mas sendo bem conhecidos, como morrendo e eis que vivemos; como castigados e não mortos.

Como contristados mas sempre alegres; como pobres mas enriquecendo a muitos; como nada tendo e possuindo tudo.

h) **DESEJO DE UNIÃO COM DEUS**

Col 3:1

Portanto, se já ressuscitastes com Cristo buscai as coisas que são de cima onde Cristo está assentado à destra de Deus.

Mt 5:8

Bem-aventurados os limpos de coração porque eles verão a Deus.

João 17:21

Para que todos sejam um como tu, oh! Pai em mim e eu em ti.

✦

O espírito humano (ensinavam nessas escolas) possui em si os três aspectos ou atributos da divindade, a saber: inteligência, amor e vontade, por ser uma imagem viva de Deus.

Aquele dos apóstolos, também iniciado (I Tm.), que mais esclarece e demonstra o caráter iniciático que teve o cristianismo primitivo, é Paulo de Tarso, cujos escritos estão cheios de revelações neste sentido.

Para justificar a afirmativa basta citar o capítulo 2 da primeira epístola aos Coríntios onde ele diz: "Vim a vós trazendo um testemunho divino, não para inundá-los com sabedoria humana, mas com o poder do espírito. Em verdade falamos de sabedoria entre aqueles que são perfeitos, porém não é sabedoria humana. Falamos a sabedoria de Deus, em um mistério até a sabedoria oculta que Deus ordenou antes mesmo que o mundo começasse e que príncipe algum do mundo conhece. Esta sabedoria está fora do alcance do pensamento dos homens porém Deus no-la tem revelado por meio do seu Espírito. São coisas espirituais que só podem ser entendidas pelo homem espiritual em que está a mente de Cristo". (I Cor 2:4-16)

No capítulo 4 ele diz: "Assim nos tenham os homens na conta de servos de Cristo, dispenseiros dos Mistérios de Deus". (I Cor 4:1)

Em Colossenses ele acrescenta: "Orai também por nós para que Deus nos abra uma porta à palavra para falarmos o Mistério do Cristo". (Col 4:3)

Como se vê, Paulo falava claramente sobre a existência de conhecimentos mais avançados e sobre segredos que não podiam ser revelados ao povo inculto.

✦

Examinando a situação ao tempo dos adeptos que herdaram a doutrina pregada pelos Apóstolos e trabalharam pela sua expansão nos primeiros dias do cristianismo nascente, podemos estabelecer o canal largo e direto pelo qual os ensinamentos se perpetuaram e se conservaram; esse canal é João Evangelista e seus seguidores: Policarpo, Pateno e Inácio de Antioquia.

Este último, referindo-se ao que havia aprendido, assim falava aos seus discípulos: "Não sois mais que crianças; incapazes de suportar tão pesada carga, seríeis afogados por ela. Eu mesmo, ainda que ligado por Cristo e capaz de compreender coisas do céu: as hierarquias angélicas, e as diferentes classes de anjos e hostes; a diferença entre poderes e domínios e as variedades de tronos e autoridades; o poder dos eones; a proeminência dos serafins e querubins; a sublimidade do Espírito; o Reino do Senhor e, sobretudo, a incomparável majestade de Deus onipotente; ainda que versado em tais coisas, entretanto, estou muito longe de ser perfeito e de ser discípulo como Paulo e Pedro".

Clemente de Alexandria e seu discípulo Orígenes, nos séculos II e III falam sobre a iniciação cristã com mais detalhes e dizem que os Mistérios eram uma instituição reçonhecida.

Entre estes dois informadores e os Apóstolos medeava somente uma geração, de forma que eles eram quase que contemporâneos, possuindo, portanto, evidente autoridade.

Clemente foi o chefe da Escola Catequista de Alexandria no ano 189 a.D. e forneceu inúmeros informes sobre a existência dos chamados Mistérios Cristãos, informes estes que estão contidos em seu livro denominado *Stromata* ou *Miscelâneas*.

Diz ele: "Os Mistérios se revelam misticamente; o que se fala pode estar na boca do que fala, porém, muito mais o está em sua intenção.

E prossegue: "Estas minhas memórias são deficientes se se as compara com aquele espírito cheio de graça que tive o privilégio de escutar (refere-se a Pateno, seu antecessor, que ouviu os ensinamentos da boca dos próprios Apóstolos); porém serão uma imagem para representar o arquétipo daquele que foi tocado com o tirso.[18]

No capítulo intitulado "Os Mistérios da Fé não são para todos", ele declarava que "era forçoso encerrar em um mistério a sabedoria falada que o Filho de Deus ensinou". Diz ele também que "os Apóstolos recomendavam que se velassem os Mistérios da Fé porque há uma instrução em separado para os perfeitos". Sobre este ponto veja-se a epístola de Paulo, Col 1:25-27:

"Da qual (igreja) eu estou feito ministro segundo a dispensação de Deus que me foi concedida para convosco, para cumprir a palavra de Deus.

O ministério que esteve oculto desde todos os séculos e em todas as gerações e que agora foi manifesto aos seus santos.

Aos quais Deus quis fazer conhecer quais são as riquezas da glória desse mistério entre os gentios que é Cristo em nós, esperança da glória."

"Aos pecadores, acrescentava ele, se ensinava a não pecar mais e só quando se via que haviam progredido e se purificado pelo Verbo então e não antes, eram chamados a participar dos nossos Mistérios. Porque nós, rematava ele, falamos a sabedoria entre aqueles que são perfeitos."

[18] Vara que os iniciados conduziam e com a qual tocavam os candidatos durante as cerimônias da iniciação; "foi tocado pelo tirso" significa: "foi iniciado nos Mistérios Menores".

E dizia mais: "Há ajudas na divindade do Verbo para curar os enfermos mas, também, há outras que exibem, aos purificados de alma e corpo, a revelação dos Mistérios; esses Mistérios que se mantiveram secretos desde o princípio do mundo mas que agora se fazem manifestos pelos escritos dos profetas e pela aparição de N. S. Jesus Cristo, a qual é patente a todos os perfeitos e ilumina sua razão para o verdadeiro conhecimento das coisas".

✦

No ato da iniciação eram proferidas as seguintes palavras que bem deixam conhecer o esforço de preparação anterior já realizado pelo candidato: "aqueles que foram purificados em seu coração..."

"Que aquele cuja alma não tenha tido consciência de mal algum praticado, em muito tempo, desde que se entregou à purificação do Verbo (Evangelho) ouça as doutrinas que foram expostas por Jesus a seus discípulos genuínos, em particular."

Para estes candidatos, já aceitos, eram então revelados conhecimentos sobre o mundo invisível e seus habitantes; e os instrutores eram anjos (espíritos) e neles a visão se abria (vidência) para que vissem diretamente o mundo espiritual. Atingindo este ponto podiam então ser considerados perfeitos.

✦

Resumindo tudo isso, diremos: A iniciação individual era comum a todas as doutrinas e religiões da antiguidade, inclusive o judaísmo, que mantinha colégios de profetas desde Moisés.

Depois veio Jesus, dando aos apóstolos conhecimentos que eram vedados ao povo. Após a ressurreição ele conviveu com os Apóstolos algum tempo, fornecendo-lhes verdades maiores e lhes prometeu enviar futuramente o Espírito Verdade, o Paracleto, que é o espiritismo.

Em seguida os apóstolos pregaram a doutrina cristã no mundo e Paulo dá bem a entender a existência desses ensinamentos particulares, chamados Mistérios, negados ao vulgo. ele mesmo, iniciado nesses mistérios, ensina a seus discípulos, sobretudo a Timóteo e manda que inicie outros.

Mais tarde João escreve seu evangelho iniciático, bem como o Apocalipse, sendo seguido por seus discípulos Policarpo, Inácio, Pateno, padres apostólicos de Esmirna, Antioquia e Alexandria, que também legaram tais ensinos a seus discípulos, sobretudo a Clemente de Alexandria e Orígenes, que fundaram escolas apropriadas e rigorosamente iniciáticas de evangelização cristã.

Daí a verdade espiritual, passando por inúmeros outros padres cristãos primitivos e iniciados de outras correntes religiosas, veio até nossos dias, pelas obras desses servidores e pelo Evangelho em si mesmo, que tem sofrido inúmeras adaptações e interpretações muitas vezes tendenciosas, mas que Orígenes, o notável padre cristão, ensina como deve ser lido e entendido, a saber, sobre três aspectos que são: corpo, alma e espírito. Corpo dos Evangelhos diz ele, são as palavras, frases e capítulos das narrações, cujas falhas, lacunas e inverossimilhanças passam despercebidas aos ignorantes e fanáticos, que são os que se louvam desse aspecto exterior. Alma dos Evangelhos é o sentido figurado, que o estudante dedicado pode penetrar com sua inteligência. O Espírito, porém, dizia ele, é a essência mesma da Verdade ali configurada, o sentido espiritual, que só pode ser compreendido pelo ser evoluído.

Prosseguindo este resumo final acrescentamos que cabe, agora, ao espiritismo — o cristianismo redivivo — revelar essas verdades de forma mais clara e direta, sem segredos nem mistérios, para que o povo receba o conhecimento necessário à formação dos seus espíritos tendo em vista não só a acessibilidade dos seus ensinos, como a evolução das mentalidades no transcurso de quase dois mil anos como, ainda, e sobretudo, por terem chegado os tempos, a época de julgamento dos homens, o momento da separação, que se aproxima a passos rápidos.

ALGUMAS QUESTÕES DE DOUTRINA

a) **Trindade**

Na iniciação cristã primitiva eram dados ensinamentos sobre a Trindade Divina que, aliás, é conceito doutrinário muito antigo.

Era exposta desta forma: em si mesmo Deus é um, porém, quando manifestado, é trino: Pai, Filho e Espírito. Primeiro, o Pai, depois o Filho (o Verbo) e com este o Espírito.

O Cristo apresentava também o mesmo aspecto trino: Filho do Homem na forma, Filho de Deus na natureza e Verbo divino na ação.

Nisto essa iniciação não diferia das doutrinas antigas, inclusive do próprio judaísmo, para o qual, de Keter (Pai

Onipotente, Ancião dos Dias) procedia Kochmah (Sabedoria Criadora) e desta Binah (o Espírito, o Entendimento).

No bramanismo a Trindade é: Brama (Criador), Shiva (Princípio Renovador, Destruidor) e Vishnu (Princípio Conservador).

No masdeísmo é: Humazdo (o Grande Um); Armaiti (a Sabedoria); e a dupla Ormuzd-Arihman.

No Egito era Osíris, Ísis e Hórus.

Na Caldéia era: Anu (o Todo); Ea (a Sabedoria); Bel (o Espírito).

✦

O triângulo é a forma geométrica que representa a Trindade e quando se quer representá-la como uma unidade inscreve-se o triângulo em um círculo.

✦

Mas para nós, espíritas, a Trindade pode ser entendida de forma mais simples, como segue: um Deus supremo, indivisível, onipotente, onipresente, onisciente, absoluto, o Pai, o Criador, como a primeira pessoa. A segunda é o Filho, que é Deus, refletida em suas criaturas (seres por Ele criados) e que agem na criação como verbos, agentes divinos, numa eterna e universal colaboração. Os cristos planetários são uma representação divina dessa segunda pessoa.

E a terceira pessoa, o Espírito, é a essência de Deus derramada nas coisas e imanente nos seres, a Força Divina, o elemento dinâmico da criação, o alento de vida que perpassa e interpenetra todos os seres e coisas. Esta terceira pessoa é a vontade de Deus como Lei, lei das leis e, como tal, inexorável, isto é, que se exerce inflexivelmente por si mesma, sem desvios.

Por isso é que Jesus, referindo-se ao Espírito disse que os pecados cometidos contra o Pai ou contra o Filho podem ser perdoados mas não o podem os cometidos contra o Espírito, justamente porque este, sendo uma Lei inexorável, automaticamente age sobre aqueles que a transgridam.

Em resumo: Deus, a fonte da vida, como Filho preside e organiza o Cosmo e, como Espírito, está presente, interpenetra toda a criação e atua sobre ela como Lei soberana.

b) **A lei do sacrifício**

Na iniciação cristã primitiva o Cristo, como Filho de Deus, venceu a Satã — o mal — redimindo a humanidade. Mais tarde, porém, depois da oficialização de Constantino, o conceito mudou para a seguinte figura: Deus, encolerizado contra a humanidade e o Cristo salvando esta de sua cólera.

Este conceito foi depois esposado pelo protestantismo. São de Lutero estas palavras: “O Cristo real e verdadeiro experimentou por toda a espécie humana a cólera de Deus, a maldição e a morte”.

Na iniciação primitiva a lei do sacrifício era fundamental, como conseqüência da própria criação divina, cuja manifestação é sempre um ato de sacrifício, conforme o dizem quase todas as doutrinas.

A manifestação de Deus pelo Verbo é um ato de sacrifício. No Apocalipse, 13:8, João diz: “O Cordeiro foi morto desde o princípio do mundo”.

O Logos, isto é, o Deus que se limita a si mesmo para manifestar-se, faz um sacrifício nessa limitação e a vida universal depende disso. Assim como se limita no Cosmo, Deus se limita nos indivíduos. O Deus oculto em cada um deles é o motivo do esforço da iniciação superior para que de oculto seja revelado e, conseqüentemente, se transforme o sacrifício em glorificação.

Aliás, todo esse trabalho íntimo da revelação de Deus oculto é o motivo fundamental da evolução dos espíritos na eternidade.

Em todas as formas da manifestação divina, no mineral, no vegetal, no animal, no homem, no anjo, no arcanjo e daí para cima, em tudo se constata o mesmo esforço de expansão da vida oculta, da força divina oculta latente, nas profundezas do ser que evolui.

As formas se modificam e se destroem com sofrimento e sacrifício porém o ser, o deus oculto, a força divina oculta, não se identifica com esse trabalho exterior de coisas mutáveis e destrutíveis: continuamente se expande e assimila o resultado do esforço, em movimento de ascensão cada vez mais amplo e mais alto.

A iniciação leiga ensinava que não bastava desprender-se dos bens materiais para abrandar a cólera dos deuses, viver melhor e prosperar; era preciso, além disso, anelar uma vida mais além da morte, trocando coisas visíveis e imediatas por outras invisíveis e ideais, agindo no terreno da fé e assim afastando todas as misérias do mundo, com real esforço no campo das conquistas morais.

Mas, na iniciação cristã isso só ainda não bastava, porque era necessário agir com sacrifício em bem do próximo, com altruísmo, porque os espíritos são parte um do outro e todos, em conjunto, estão contidos no Todo e se tornam parte integrante da vida universal.

Conseguido isso o espírito se desapega do mundo, supera a vida do mundo e se volta inteiramente para o Cristo, que já dissera antes, Mateus 16:25: "Porque o que quiser salvar a sua vida perdê-la-á; e o que perder a sua vida por minha causa achá-la-á."

Assim procedendo e se desapegando do mundo, o espírito se integra na unidade universal; nascido do sacrifício da Divindade, o espírito, pelo contínuo esforço de sacrifício próprio, volta à unidade com o Criador, através do Cristo.

A alma humana pode se abrir ou se fechar para a vida espiritual segundo seu próprio desejo mas, aquela que se abrir, refletirá as glórias do céu. Todo homem pode ser uma manifestação viva de Deus, um deus manifestado em carne, como disse Paulo, I Tm 3:16.

Mas para isso é preciso que abra sua alma ao sol da vida universal e promova a livre expansão do Cristo interno, entrando resolutamente no Caminho da Cruz, do sacrifício de si mesmo, como pecador, para reviver com Jesus na glória da ressurreição.

Aquele que chegou ao grau de discípulo, através do sacrifício dos seus vícios, desejos e paixões inferiores, atravessa a Porta Estreita e transforma-se em um auxiliar imediato do Cristo, muito podendo fazer em benefício da humanidade.

O Cristo, como redentor, se integra na vida da humanidade e se derrama na alma de cada um daqueles que se redimem nos travos da evolução. Para esta redenção é necessário todavia exemplificar os ensinos do Evangelho e seguir passo a passo aquele que para todos os cristãos é o Caminho, a Verdade e a Vida.

c) **A realização final**

A teologia cristã primitiva adotava a divisão do corpo humano em três partes: Espírito, Alma e Corpo, como, da mesma forma o espiritismo o ensina hoje, substituindo-se a palavra alma por perispírito.

Paulo de Tarso assim se refere a esta divisão em I Ts 5:23: "Para que vosso espírito e alma e corpo sejam guardados inteiros e irrepreensíveis".

Ele também ensinava que havia um corpo animal e um corpo espiritual: o primeiro seria naturalmente o veículo da consciência no mundo físico e o segundo o mesmo veículo nos mundos superiores. Aliás, o cristianismo sempre reconheceu a existência de três mundos ou regiões diferentes, por onde passariam as almas dos mortos e que são: o mundo físico, uma região intermediária purgatorial e o mundo celeste.

Essa teologia primitiva admitia o espírito como um reflexo, uma imagem da Trindade Suprema, una na essência e tripla na manifestação. A alma era dual compreendendo a mente e a natureza emotiva, e o corpo era o instrumento material do Espírito e da Alma.

Ensinava a dualidade de toda a existência manifestada, a inseparável coexistência de espírito e matéria. O Cristo, como deus e como homem, demonstrava essa dualidade.

O cristianismo primitivo considerava o céu como uma etapa do progresso da alma e não como uma situação definitiva e eterna para os que lá chegassem, dando assim a entender claramente que admitia a reencarnação.

Essa estância celeste, para os cristãos primitivos durava **uma idade**, após o que o homem retornava à vida material para prosseguir no esforço interrompido.

As seitas católicas que foram perseguidas e consideradas heréticas pelos católicos-romanos são, justamente, aquelas que continuavam a adotar essa conceituação primitiva, eliminada pelo catolicismo oficial de Roma por conveniência política e de dominação de consciências.

Na iniciação primitiva o final do esforço não era o indivíduo ser salvo por um Cristo externo mas, sim, glorificar-se na união com o Cristo interno, passando da condição de Discípulo ao de Filho de Deus, unindo-se, assim, definitivamente ao Pai Celestial.

Estas concepções chamadas heréticas e inconvenientes levaram às fogueiras da Inquisição centenas de milhares de cristãos que se mantiveram firmes nas suas crenças, desprenderam-se das tentações do mundo e assim, mais depressa do que esperavam, ressurgiram com o Cristo no paraíso celestial.

IX

Conclusão

Já foi dito que o espiritismo vencerá "com os homens, sem os homens ou apesar dos homens", dando-se assim a entender que sendo ele uma necessidade evolutiva do mundo, estando no programa dos diretores espirituais planetários, sobre ele não terão efeito as tempestades das paixões e as calmarias da descrença e da negação.

E isso é verdade não porque, para isso, os homens concorram, mas porque as armas mais poderosas dessa batalha, a saber — a mediunidade e o sofrimento — estão nas mãos de Deus.

Estes dois fatores de progresso agem sobre os homens como látegos, como aguilhões, vergastando-os continuamente e impelindo-os para a frente de qualquer maneira e assim continuarão a agir até que chegue o momento do julgamento, em que os bodes serão separados das ovelhas e uma humanidade mais evoluída e selecionada habitará a face da Terra, modificando completamente seus costumes, suas leis e sua vida social, pelo emprego das regras e dos ensinos deixados pelo Divino Mestre.

Esses serão os dias do Terceiro Milênio, quando as cintilas de luz, adormecidas e sepultadas na carne putrescível, terão rasgado seus invólucros e se aberto para fora como flores nos seus cálices, iluminando tudo em volta, com suas próprias claridades; de chamas vivas e potenciais, terão se transformado em espíritos verdadeiros, emancipados da animalidade, purificados, documentos vivos daquele ensinamento do Divino Mestre quando disse: "vós sois deuses; o reino de Deus está dentro de vós".

A RELIGIÃO ESPÍRITA

Neste estudo que acabamos de fazer, conquanto resumidissimamente, das religiões que têm servido até hoje à orientação espiritual dos homens encarnados, deixamos de incluir o espiritismo, que foi colocado no rol das filosofias e, assim o fizemos por se tratar de assunto de controvérsia doutrinária que não desejamos, de forma alguma alimentar.

Entretanto, nosso ponto de vista, já por inúmeras vezes demonstrado, é pelo caráter essencialmente religioso do espiritismo que, neste setor, é a doutrina de conceituação mais avançada e objetiva e aquela que foi revelada ao mundo para sua redenção nesta atual etapa evolutiva.

E para justificar esse ponto de vista nada melhor que incluir neste volume, como uma segunda parte, a tese que escrevemos em 1949, como relator de uma comissão composta dos confrades Luiz Monteiro de Barros, Pedro de Camargo (Vinicius) e Emílio Manso Vieira, destinada ao I Congresso Espírita Pan-americano reunido no Rio de Janeiro naquela época, e que tinha o título: Prevalência do espiritismo Religioso.

Nesse Congresso prevaleceu o ponto de vista intelectualista, esposado por confrades de outros países americanos sendo a tese recusada, com verdadeira lástima para a grande família espírita brasileira que esposa, sem vacilações e com altivo desassombro, a supremacia do Evangelho em todas as atividades doutrinárias do espiritismo. A mesa diretora do Congresso com essa atitude insólita provou não compreender a verdadeira natureza da Doutrina, aberta e universal.

Feito este esclarecimento indispensável, vamos à referida transcrição.

PREVALÊNCIA DO ESPIRITISMO RELIGIOSO

Com esta tese desejamos demonstrar a necessidade de o espiritismo religioso prevalecer sobre os demais aspectos doutrinários.

Há quem discorde deste fundamental aspecto da Terceira Revelação sob a alegação de que o espiritismo, não adotando cerimônias e rituais, deixa de ser uma religião.

Semelhante critério, porém, é de todo infundado porque se baseia na identificação de culto como religião propriamente dita quando, em realidade, são coisas distintas. Culto é a roupagem com que se vestem as religiões, é o indumento mais ou menos aparatoso de que os homens se servem para materializar o sentimento religioso.

Podemos prescindir de toda e qualquer forma litúrgica conservando inalterável a consciência religiosa que, como sabemos, é indispensável à evolução, por constituir poderoso estímulo de caráter moral.

Quando Jesus pretendeu dar à samaritana uma idéia clara

sobre religião, sem planejamentos litúrgicos, ele disse: "A hora vem e agora é que os verdadeiros adoradores adorarão o Pai em espírito e verdade, pois são estes que o Pai procura para seus adoradores. Deus é espírito; é preciso portanto que os que O adoram, o façam em espírito e verdade". (João 4:23-24)

Paulo de Tarso, dirigindo-se aos romanos assim se exprime, no mesmo sentido: "Rogo-vos, pois, irmãos, que apresenteis os vossos corpos como um sacrifício vivo, santo e agradável a Deus — pois em tal importa o culto racional. E não vos conformeis com este mundo mas, transformai-vos, começando pela renovação de vossa mente". (Rm12:1-2)

Outro apóstolo, Tiago, também disse: "A religião pura e imaculada para com Deus, o Pai, é esta; assistir às viúvas e aos órfãos nas suas tribulações e guardar-se isento da corrupção do mundo". (Tg 1:27)

Eis aí, pois, como o Divino Mestre e dois dos seus mais autorizados discípulos, definem o que seja religião ou consciência religiosa, coisa muito afastada, como se vê, de uma organização temporal e hierárquica em que o culto exterior e mundano se coloca em primeiro lugar.

✦

A situação atual do mundo, que permanece angustiado e carente de fé acarreta, dia por dia, o aumento da responsabilidade daqueles que, tendo conquistado maior parcela de conhecimentos e de poderes espirituais, acham-se em posição de poder exercer influência na marcha do movimento espírita mundial.

Essa situação, que tende a piorar cada vez mais, à medida que nos aproximamos do fim deste ciclo, exige que sejam difundidos com maior rapidez e solicitude os esclarecimentos espirituais capazes de devolver à humanidade sofredora aquilo que ela perdeu, no terreno da crença e da esperança, por efeito do dogmatismo religioso exclusivista, do materialismo corruptor e reacionário e do terror político organizado, que ameaçam o mundo por toda parte; exige que às almas humanas seja dado com urgência o alimento espiritual adequado à conquista da paz interna como também e, sobretudo, exige a restauração do entendimento religioso nas bases autênticas do Evangelho do Divino Mestre, revividas, em nossos dias, em espírito e verdade, pelo espiritismo cristão.

✦

Os homens, orgulhosos de si mesmos, valendo-se dos poderes da mente, desviaram-se dos seus rumos, enveredaram pelo campo da especulação filosófica, aferram-se às conquistas materiais da ciência, desprezando a tradição religiosa e afastando-se, assim, cada vez mais de Deus.

Podemos dizer que o mundo morre por falta de crença?

— "Em tempo algum, diz Emmanuel, a matemática, a estatística e a história imperaram com tamanha força nos enunciados e manifestações da ciência, da filosofia e da religião, dominadas pelo raciocínio; mas em civilização alguma do passado, continua ele, o homem vagueou na crosta do mundo tão desconfiado e tão triste, tão descrente de si mesmo e tão desiludido de socorro e de esperança."

As filosofias enchem os cérebros de erudição, não há

dúvida nenhuma, mas não acrescentam ao espírito um grau sequer, a mais, de virtude; e quanto às ciências, estas dão-lhe impressões falsas e perigosas de superioridade sobre a Natureza conquanto, realmente, mais não façam que estancar nos corações os impulsos, ainda tão débeis, de amor ao próximo e de humildade, elementos primeiros entre os capazes de elevar o homem acima de si mesmo, aproximando-o do Criador.

As regiões do umbral estão repletas de sábios cerebrais, espíritos orgulhosos que faliram, possuidores de mentes fortes e corações vazios e que, mesmo conhecedores da inexistência da morte engrossam, todavia, as fileiras dos renegados que trabalham no campo das construções negativas.

Entretanto, lá nesse umbral tenebroso não existem os "pobres de espírito" em cujos corações já tenha despertado a centelha viva do amor, porque seu lugar é mais acima, nas esferas luminosas onde não há choro nem ranger de dentes...

Porque já o Mestre dissera que o Senhor dá aos humildes e pequeninos o que nega aos sábios e poderosos.

O que vemos hoje na Terra é realmente de estarrecer o espírito mais insensível — tal o vulto que o mal vem tomando por toda parte — e de sobejo isso prova que a ciência orgulhosa, tendo desprezado o amparo da religião, está levando o homem para o fundo de insondáveis abismos.

Porque o homem moderno, diz Emmanuel: "Desintegra o átomo e destrói-se. Desce aos abismos do mar e sobe aos píncaros das nuvens, entretanto erige o cenotáfio das próprias grandezas no campo da guerra a que o esforço laborioso dos séculos se reduz a miseráveis punhados de cinzas".

✦

É urgente, pois, que as coisas mudem de rumo; que se abra uma pausa nas conquistas mortificantes da concorrência científica e volte o homem seu espírito para Deus, passando a colaborar no campo das edificações evangélicas, porque nunca é tarde demais para se voltar ao caminho da redenção.

Entretanto, o que mais particularmente nos inquieta é ver que o mesmo pendor especulativo e de feição esotérica prevalece nos arraiais espíritas, relegando para segundo plano as práticas de fundo religioso que no momento deveriam, sem a menor dúvida, prevalecer sobre toda e qualquer outra atividade doutrinária. E, para deixar bem claro o nosso pensamento a este respeito, em anexo a esta tese apresentamos uma nota na qual dizemos quais são as práticas de fundo religioso a que acima nos referimos.

Com exceção do Brasil, onde esse aspecto religioso prepondera espontânea e uniformemente, ostentando uma floração verdadeiramente edificante e confortadora, pois aqui vemos dezenas de milhares de instituições espíritas de atividade exuberante, mormente no campo da caridade evangélica, na maioria dos países americanos e europeus as tendências são mais para as práticas secundárias dos outros setores e que se exercem sem quase nenhuma projeção na massa do povo.

Realmente, compulsando as publicações doutrinárias mais conhecidas, recebidas durante o último ano, desses países irmãos, pudemos observar que predomina nos textos o espiritismo de outros setores, sendo raras as referências ao setor religioso.

Não é isso bastante sintomático e significativo?

Não estarão assim os espíritas se afastando dos objetivos

verdadeiros, erigindo uma construção meramente mentalista e investigadora quando, entretanto, a finalidade principal da doutrina é religiosa?

O quanto se avançou até hoje nos setores científico e filosófico basta para o esclarecimento dos homens mas, o que falta conquistar no terreno religioso da doutrina, é lacuna imensa que necessita ser preenchida sem mais demora.

E voltamos a citar Emmanuel:

"espiritismo com Jesus é amor que auxilia, reanima, esclarece, ajuda e salva. . . Fora de semelhante padrão, permaneceremos na direção do reino escuro de nossos velhos dissídios criando e exterminando nossas próprias obras, espíritos endividados e endurecidos, em oportunidades quase mortas, gravitando, por nossa infelicidade, em derredor de séculos mortos."

✦

Pois, para que mantivesse a unidade, preservando-se das contaminações do mundo e do vírus daninho da egolatria, não foi o espiritismo quase todo ditado ou inspirado, como ainda o está sendo hoje, por agentes do plano invisível, mensageiros do Alto?

No entanto, a própria mediunidade, veículo sagrado do intercâmbio e porta aberta às revelações edificantes de todos os tempos, não está sendo em alguns países organizada em profissão, mercadejada como técnica?

Ali não existem também confrades que aceitam da doutrina somente aquilo que lhes convêm, desprezando o que fere preconceitos ou interesses?

Não há os que negam a própria reencarnação, base fundamental do entendimento doutrinário, recurso transcendente da evolução nos seus degraus inferiores?

É verdade que em nosso país também se dão deturpações e até mesmo no terreno religioso porém, para que citá-las? Unicamente desejamos dizer que, se tais deturpações aumentarem de vulto e de extensão, em breve tempo se tornará preciso proceder-se a uma restauração geral para reintegrar a doutrina nos fundamentos da Codificação e assim preservar o sagrado depósito confiado aos homens destes tempos pela misericórdia do Senhor.

O espiritismo ainda é considerado pelo Alto como uma grande esperança planetária e os Espíritos responsáveis observam seu desenvolvimento na Terra, intervindo a todo instante para orientar os homens no seu melhor entendimento e prática; e todos eles, quando nos falam, invariavelmente apontam o caminho da lei moral, chamam nossa atenção para a necessidade inadiável da reforma íntima.

Não quer isso dizer que eles colocam a questão nos seus divinos termos, batem na tecla do que é mais necessário, proclamam a primazia do espiritismo religioso? Por isso, nós, a exemplo deles, deixemos de lado aquilo que é secundário e juntemos nossos esforços para realizar o essencial.

Acossados pelo sofrimento e ameaçados por um futuro sombrio e incerto, os homens modernos, mais que nunca, necessitam do apoio espiritual que compete às religiões fornecer; entretanto desertam dos templos e deixam-se contaminar pela descrença porque, no Ocidente, as tarefas religiosas se cristalizaram no mundanismo superficial.

Qual outra doutrina poderá preencher essa lacuna senão o espiritismo? Quem oferecerá ao mundo o alimento substancial, verdadeiro, que há de edificar as almas para a vida eterna?

Pois não é ele o Consolador, o Paracleto prometido pelo Divino Mestre? Não é ele a continuação do Cristo na Terra e a segurança de sua amorosa assistência hoje, amanhã e sempre?

Para isso é que a doutrina foi outorgada ao mundo e nesse entendimento mais avançado deve o mundo ser edificado, sem subterfúgios e devaneios intelectuais; edificado a fundo na moral evangélica, relegando-se para plano secundário, complementar, o esforço quase sempre medíocre da fenomenologia espetacular.

"O espiritismo — conceitua Emmanuel — abraçará o Evangelho do Amor na renovação das criaturas, ou jamais passará de simples movimentação intelectual para transposição de idéias."

✦

Nenhum espírita esclarecido ignora que a doutrina tem três aspectos distintos, conquanto reciprocamente solidários e concordantes; nem tampouco que os indivíduos evoluem utilizando-se ao mesmo tempo das duas asas simbólicas do amor e da sabedoria. Porém, também é certo que o espírito somente se torna verdadeiramente grande e sábio quando aprende a colocar o amor acima de todas as coisas.

E qual dos três aspectos leva mais direta e rapidamente para o amor, senão o religioso?

Por isso, sem menosprezar — o que seria absurdo e ilógico — o esforço daqueles que se dedicam aos estudos e às investigações, desejamos, contudo, situar o setor religioso em posição mais alta por ser aquele que, no momento, tem maior relevância e utilidade para a evolução da humanidade planetária.

✦

Mas, indagam alguns: quais as verdadeiras causas da preferência para o espiritismo intelectual?

A nosso ver são as seguintes:

1) As dificuldades próprias das realizações do campo evangélico, que exigem renúncia, sacrifício, desprendimento e humildade.

2) Os preconceitos sociais que, para muitos, consideram diminutivas as práticas de fundo religioso.

3) O natural orgulho humano, no esforço de dominar pela inteligência nos ambientes em que vive.

4) O desconhecimento ou o escasso preparo dos adeptos em relação ao setor religioso.

✦

Entretanto, como a verdadeira finalidade do espiritismo é redimir os homens, não tornando-os sábios, mas evangelizados, purificando-lhes os sentimentos para que evoluam mais depressa; e como os esforços realizados nos setores intelectuais não levam a este resultado, julgamos que se deve, sem vacilação alguma, incrementar a propagação do espiritismo religioso, recomendando a sua prevalência e a natureza preferencial de suas práticas.

✦

Essa necessidade, aliás, não a estamos proclamando agora em primeira mão, visto que sempre mereceu a atenção daqueles que nos antecederam nas lides doutrinárias, alguns dos quais se tornaram hoje mentores e guias do movimento espiritual do mundo.

Aproveitamos o ensejo para colocar em evidência a atitude da Federação Espírita Brasileira que, desde sua fundação, vem imprimindo às suas atividades doutrinárias um caráter nitidamente evangélico.

Vejamos, entretanto, o que disseram esses mentores.

Kardec — o Codificador

Ao estabelecer os lemas, tão conhecidos: "Fora da caridade não há salvação" — "A caridade é a base da moral espírita" — e "O espírita se reconhece pela sua transformação moral" — implicitamente proclamou a prevalência religiosa que aqui estamos defendendo.

O Livro dos Espíritos consagra toda sua 3ª parte às leis morais da vida. Duas outras obras a saber: *O Céu e o Inferno* e *O Evangelho segundo o espiritismo* são de natureza puramente religiosa.

Ora, se o setor religioso da doutrina não ocupasse relevante lugar não teria merecido tal cuidado nem seria explanado e comentado em tantas e tão importantes obras.

Em *O que é o Espiritismo* Kardec diz: "O espiritismo sem ser uma religião, desenvolve tais idéias naqueles que as não possuem e as fortifica nos que as têm incertas". Sem ser uma religião, quer dizer — religião organizada nos moldes das existentes que conhecemos — conquanto o caráter religioso da doutrina tenha sido nesse mesmo tópico ressalvado, de forma clara, no campo das idéias.

Atenta-se também ao fato de que o Codificador falava nos primeiros dias de Codificação, quando o espiritismo estava nascendo, cercado de prevenções e hostilidades, ao passo que em nossos dias, pelo menos no Brasil, é um movimento vitorioso, de larga extensão, que tanto se ampliou e tomou vulto que está sendo objeto de providências unificadoras e organização direcional.

Em outro tópico tendo ele dito que o espiritismo seria científico ou não subsistiria, deixou-nos patente que percebera logo a natureza da doutrina e sua tendência futura a prevalecer nesse caráter com deturpações inevitáveis pela inclusão, em suas hostes, de adeptos vindos de outros credos, principalmente do catolicismo dogmático e materializado.

A advertência do Codificador é no sentido de permanecer a doutrina sempre aparelhada para, em qualquer dos seus três aspectos, poder enfrentar a razão face a face, e é justamente graças a essa condição que o espiritismo vem sendo capaz de restaurar, na sua verdadeira essência, a palavra de vida dos Evangelhos, sem cortinas de mistério, superstição ou fanatismo.

Porque está dito também "Ama a Deus de todo o teu entendimento".

Em outro livro — *A Gênese* — ali está:

"O espiritismo encerra, como já ficou demonstrado, todas as condições do Consolador prometido por Jesus... este ensino nada suprime do Evangelho: completa-o e elucida-o por meio de novas leis que revela."

Ora, a ação do Consolador se exerce plenamente no terreno religioso e o ensino doutrinário, nada suprimindo do Evangelho, mas, ao contrário, completando-o e elucidando-o, também demonstra a prevalência do caráter religioso.

"O espiritismo, prossegue o Codificador, promoverá por toda a Terra a difusão do Evangelho restabelecido em sua pureza primitiva."

E mais: "A prática genérica do Evangelho, devendo trazer um melhoramento ao estado moral dos homens, produzirá por essa razão o reinado do bem e acarretará a queda do reinado do mal".

E acrescenta ainda: "que a fraternidade deve ser a pedra angular da nova ordem social, mas que não há fraternidade real, sólida e efetiva, sem o apoio nas bases inabaláveis da fé".

E que: "a unidade das crenças será o laço mais poderoso e o mais sólido fundamento da fraternidade universal".

E, por fim adverte:

"Falsíssima idéia formaria do espiritismo quem julgasse que sua força vem das práticas e das manifestações materiais."

Por todas estas citações e outras que deixamos de enumerar, verifica-se que o Codificador colocou a questão em seu devido lugar e assegurou a prevalência religiosa da doutrina, porque a redenção dos homens não virá pela conquista da erudição, mas pela evolução dos sentimentos e das virtudes morais, que somente o entendimento e as atividades do setor religioso podem dar.

✦

De Conan Doyle são os seguintes conceitos em relação aos fenômenos psíquicos que, ao seu tempo, estavam apaixonando os estudiosos:

"Seu lado religioso, diz ele, apresenta importância maior. Na minha opinião os fenômenos psíquicos verificados até a evidência por todos os que hão tido o cuidado de estudá-los, em si mesmos nada valem; o justo valor deles está em que servem de base, dando-lhe uma realidade objetiva, a um imenso corpo de doutrina que há de modificar profundamente as nossas idéias religiosas."

De Bozzano, o eminente investigador, são estes conceitos, em relação às transformações religiosas que o espiritismo promoverá no mundo e o caráter transitório e complementar das práticas psíquicas:

..."com objetivo de disciplina espiritual e para salvaguarda da ordenada evolução espiritual humana, afastando o perigo de uma reforma excessivamente precipitada de instituições religiosas milenárias, reforma que ao contrário, deve operar-se com muita lentidão, com muita prudência, de forma muito conciliatória, de sorte a preparar-se simultaneamente a reconstrução do novo Templo de Deus."

Este exegeta doutrinário, de notável e reconhecida capacidade analítica, deixa bem patente a natureza aleatória e complementar das atividades dos setores filosófico e experimental.

Léon Denis — assim se expressa em *O Problema do Ser, do Destino e da Dor*: "A idéia religiosa acaba de percorrer seu ciclo inferior e planos de uma espiritualidade mais alta se desenham".

Referia-se ele ao aparecimento do espiritismo e deixou ver que esse acontecimento representava uma grande revelação religiosa, superior às já existentes; e justamente por essa superioridade que advém do espiritismo pelo seu caráter religioso é que se deve colocar esse setor religioso acima dos demais.

São de Léon Denis ainda as seguintes palavras: "À medida que o pensamento amadurece, missionários de todas as espécies vêm provocar a renovação religiosa no seio da humanidade. Assistimos ao prelúdio de uma dessas renovações, maior e mais profunda que as precedentes".

Claro está que a renovação religiosa a que se refere esse inspirado missionário, auxiliar do Codificador na sua tarefa relevante, não poderia ser realizada em terreno outro que não o próprio terreno religioso, que neste caso ganharia prevalência sobre qualquer outro.

Em *Cristianismo e Espiritismo* ele diz: "O espiritismo, trazendo-nos as provas naturais e tangíveis da imortalidade, conduz-nos às puras doutrinas cristãs, ao fundo mesmo do Evangelho".

Assim, pois, a demonstração da imortalidade, realizada exuberantemente pela doutrina em todos os seus três aspectos conhecidos, conduz ao fundo mesmo do Evangelho o que, mais uma vez, confirma a prevalência do setor religioso sobre os demais.

Em *A Caminho da Luz,* Emmanuel, o sábio mentor que todos nós ouvimos com reverência e simpatia, diz que Kardec, ao nascer, veio abrir caminho ao espiritismo, a grande voz do Consolador prometido e que lhe competia reorganizar o edifício desmoronado da crença, reconduzindo a civilização às suas profundas bases religiosas. Confirmando esta profecia a que alude Emmanuel, diz o próprio Kardec: "Assim como o Cristo dissera que não vinha destruir a lei, mas dar-lhe cumprimento, o espiritismo também não veio destruir a lei cristã, mas cumpri-la. Nada ensina contrariamente ao que o Cristo ensinara, e desenvolve, completa e elucida, em termos claros para toda a gente, o que fora dito de forma alegórica. Vem realizar nos tempos preditos o que ele anunciara, e preparar o cumprimento das coisas futuras. É portanto a Sua obra, presidida por ele mesmo, conforme igualmente havia anunciado para a regeneração que se opera e com a qual se prepara o reinado de Deus na Terra".

Nada mais claro e concludente; não foi outra, em si mesma, a árdua e gloriosa tarefa de Kardec, senão restabelecer em bases sólidas o edifício religioso planetário, e se recusarmos prevalência ao setor religioso da doutrina, negaremos a finalidade essencial da tarefa do Codificador.

Em *O Consolador*, outro de seus admiráveis livros e, respondendo à pergunta feita sobre qual o aspecto mais importante do espiritismo, esclareceu Emmanuel:

"Podemos tomar o espiritismo simbolizado deste modo, como um triângulo de forças espirituais. A ciência e a filosofia vinculam à terra essa figura simbólica, porém a religião é o ângulo divino que a liga ao céu."

"No seu aspecto científico e filosófico, prossegue ele, a doutrina será sempre um campo nobre de investigações humanas, como outros movimentos coletivos de natureza intelectual.

No aspecto religioso, todavia, repousa a sua grandeza divina, por constituir a restauração do Evangelho de Jesus

Cristo, estabelecendo a renovação definitiva do homem para a glória do seu imenso futuro espiritual."

Será necessário dizer mais? Não está patente, do pensamento dos mentores e guias espirituais a natureza, por si mesma prevalecente, do terreno religioso sobre os demais?

Todavia, não queremos encerrar este trabalho sem transcrever ainda estes conceitos transmitidos pela Voz que ditou a *Grande Síntese*:

"O Evangelho... o alvo da evolução coletiva, o reino do super-homem, a ética universal, em que a humanidade encontrará a coordenação de todas as suas energias: o Evangelho, que colocamos no ápice da evolução das leis da vida."

"O vosso é o mundo visto da terra; o Evangelho é o mundo visto do céu."

FILOSOFIAS

Tendo passado na primeira parte uma revista superficial às religiões existentes consideradas principais, vamos agora tratar das filosofias.

Conforme as vemos praticadas e encaradas dum ponto de vista mundano, as religiões se destinam às massas; têm, como vimos, um efeito puramente exterior, muitas vezes visando finalidades políticas, de dominação e exclusivismo partidário; são agrupamentos sectários que se mesclam comumente a ideologias individuais, satisfazendo temperamentos raciais, ao passo que as filosofias no bom sentido, se destinam às elites do pensamento mais avançado. Enquanto as religiões, no sentido comum, procuram satisfazer os instintos devocionais da alma humana, em seus aspectos retardados de paixões inferiores, que tentam refrear por meio de dogmas, promessas, ameaças, cerimônias e ritos espetaculares que impressionam a imaginação, as filosofias se retraem no silêncio e conduzem à contemplação da vida superior, apelando fortemente para a inteligência, para os poderes do intelecto, mesmo quando algumas vezes, produzindo neste campo verdadeira hipertrofia mental, por negligência do setor sentimento, criam o egocentrismo que, em parte, é responsável pelo desenvolvimento do egoísmo e do orgulho no coração humano.

I

A Vedanta

Esta singular doutrina pode ser considerada a parte filosófica dos *Vedas*. Vedanta quer dizer: a finalidade da sabedoria.

É a filosofia do imaterial, da verdade espíritual, que está atrás de toda a criação visível, que não teve princípio nem terá fim.

Por ela Deus não está no exterior mas no interior e por detrás de todas as coisas; não está no mundo fenomenal, nem deve ser buscado em religião alguma, mas única e exclusivamente no coração do homem.

Ensina que a alma é independente e nunca foi criada porque se o fosse deveria morrer sendo, portanto, imortal e perfeita e é a mesma e uma só, tanto em Deus como no homem. É a doutrina que diz que "nós somos deuses". Deus é a inteligência universal cósmica.

Prega a reencarnação e a evolução e diz que, no final, a alma será perfeita e infinita; mas, como Deus é perfeito e infinito e não pode haver um infinito menor fora de um infinito maior, conclui que a alma humana é o mesmo Deus, não refletido mas presente e existente, como essência, no homem, e que este tem de revelar sua divindade mais tarde ou mais cedo.

A vedanta, é também a doutrina do panteísmo, e diz que

tudo é uma coisa só nos mundos, havendo apenas diferenças aparenciais; Deus é a alma das almas e por qualquer caminho se chega a Ele.

Prega, por isso, a religião universal, uma só e única religião para todos, aceitando em seu seio todos os credos, sem alterá-los; todos os dogmas e concepções religiosas quaisquer que sejam, por mais atrasados ou materializados que sejam, porque ensina que todas as crenças são tentativas para a realização da unidade, unidade na variedade, porque esta é a lei universal.

Ensina que o homem evolui de dentro para fora; que nada de fora pode realizar seu crescimento espiritual; que não há para o homem outro mestre que sua própria alma, ou melhor, que ele mesmo.

A vedanta não é uma doutrina de abstração ou de fé cega; é um conjunto de conhecimentos que leva à realização da sabedoria por esforço próprio. Para essa doutrina, religião é realização.

Seu primeiro contato pessoal com o pensamento religioso do Ocidente, no Congresso Universal de Religiões de Chicago, de 1894, foi impressionante, e que funda impressão deixou no espírito de todos os presentes, a figura majestosa, serena e dominadora de seu porta-voz — o filósofo hindu Swami Vivekananda. Fez ele ali cinco conferências doutrinárias, mais tarde publicadas em livro sob o título *Filosofia Vedanta*, onde a doutrina está exposta detalhadamente.

II

A Cabala

Cabala é uma palavra hebraica que quer dizer: tradição.

A cabala — é a tradição filosófica dos hebreus e consiste na leitura interpretativa da literatura religiosa desse povo do qual já tratamos, de forma rápida, na parte dedicada às religiões.

Como quer que seja, é um setor de conhecimento que possui sentido próprio e exclusivo. É todo secreto, condensado em símbolos e diagramas de compreensão pouco acessível e, por isso mesmo, suscetível das mais arbitrárias e nebulosas interpretações.

Se o judaísmo, como religião, tem como livros básicos, os que formam o Pentateuco de Moisés, como filosofia apresenta a série formada pela *Sepher Jesirath*, o *Zohar*, o *Tharot* e o *Talmude*.

Conquanto o judaísmo seja, como já vimos, uma religião monoteísta — a primeira, aliás, que teve esse caráter na antiguidade, sua contraparte, isto é, a filosofia, apresenta como concepção central a seguinte teologia: um Ser eterno, imutável, absoluto, que foi, que é e que será, conceito que evoluiu primeiramente como Eloim, (muitos deuses), depois como Javé (dois deuses), e por último Jeová (um só deus). A divindade criadora, ao passar de sua condição irrevelada para a realidade objetiva, tem como sua primeira manifestação o pensamento, que implica vibração e dá origem à criação.

A divindade tem dois atributos fundamentais, um negativo e outro positivo, que se manifestam em todos os ramos da atividade universal, atributos esses que a cabala personifica nos nomes Jeburah e Hesed.

Esses dois atributos são mantidos em harmonia, em cima pela Coroa — o poder equilibrante — e embaixo pelo Reino: a Coroa é o sentido abstrato da concepção — o criador —, e o Reino é o sentido concreto — a criação.

Esses três elementos fundamentais formam a "Tríade cabalística" Keter-Kochmah-Binah — que encerra a noção de todo o conhecimento e é desdobrada nos chamados "Dez Sephirots" que são, por isso mesmo, as dez noções primárias desse conhecimento geral.

São os seguintes: A Coroa, a Sabedoria, a Inteligência, a Misericórdia, o Rigor, a Beleza, a Vitória, a Eternidade, o Fundamento e o Reino.

Esta é, em resumo, a concepção teológica, porém, no aspecto prático, a cabala é magia, isto é, um conjunto de fórmulas e ritos que tem em vista principalmente o domínio das forças da natureza e as afirmações do poder individual, no campo do espírito. E no teórico, é uma reprodução, um tanto particularizada e restrita, dos conhecimentos esotéricos dos hindus e dos egípcios.

Seu melhor intérprete e divulgador no Ocidente foi Alphonse Louis Constant que, sob o pseudônimo de Eliphas Levi, escreveu uma série de obras consideradas clássicas no assunto (algumas, aliás, bem afastadas das realidades espirituais) e que exerceu profunda e larga influência sobre vários ocultistas do século passado, como Guaita, Michelet, Journet, Peladan, Caillié e outros. Foram também professantes e divulgadores da cabala, Wronski, Court de Gebelin e Fabre d'Olivet, este um dos mais conhecidos e admirados.

Cabala, como vimos, é a expressão da filosofia esotérica dos hebreus.

É doutrina muito antiga. Segundo os hebreus vem de Abraão ou de Enoque; segundo outros, de Moisés ou de Hermes. Para os gregos vem de Cadmo. E ainda outros afirmam que, de qualquer forma, é anterior à Mischna e ao Talmude.

Considerando que Abraão representa o elo de ligação de Israel com a Caldéia, afirma-se ainda que a cabala engloba também os mistérios de Mitras (o ritual religioso do culto solar dos persas).

A tradição de cabala ensina que além da raça branca houve três outras que foram, anteriormente, destruídas pela água e pelo fogo.

Que ao tempo de Moisés o Templo de Tebas, na Grécia, continha os arquivos sacerdotais dos Atlantes e os da Igreja de Rama, sendo que estes últimos eram uma síntese do esoterismo celta e do esoterismo da raça negra, síntese essa recolhida pela antiga Índia, quando invadida pelos homens brancos, os hiperbóreos, a que já nos referimos em outras obras.

Ensina também que Moisés, iniciado egípcio, tomou conhecimento, no templo de Jetro (último sobrevivente dos sacerdotes negros) das tradições autênticas desta raça anterior, desaparecida. Desta forma, como facilmente se compreende, Moisés recolheu as tradições orais de todos os conhecimentos existentes na sua época.[19]

[19] *Ciences maudites,* Jolivet Castelot.

De fato, como demonstra esse autor, a cabala contém a teoria dos emanacionistas do Egito, o panteísmo oriental, a virtude das letras e dos números, como ensinou mais tarde Pitágoras; as artes psíquicas dos ioguis hindus; as virtudes secretas das ervas, das pedras e dos astros, como ensinavam os caldeus e, mais tarde, os ensinos dos alquimistas da Europa.

A tradição mosaica — os ensinos deixados por Moisés — após a morte do profeta foi entregue a Essen, seu filho, o qual fundou a Fraternidade Essênia, que grande influência adquiriu na Palestina e nações vizinhas como também concorreu para a difusão dos ensinamentos de Jesus.

A leitura dos livros de Moisés era feita ao povo, publicamente todos os sábados. Os comentários dessas leituras — Os Targuns — foram sendo escritos e compilados. Toda a literatura casuística e escolástica, acumulada desde a conquista de Canaã até a destruição do terceiro templo, é chamada Midrashim.

A Tora, a Lei — pode ser encarada como tradição material — (Massara, maneira de escrever os textos); e como tradição espiritual — interpretação do texto. Esta pode ser legislativa (regras, costumes, cerimônias, etc.) e religiosa ou filosófica.

A parte legislativa é representada por dois livros já citados: o *Mischna* — tradições antigas, e o *Gemurath* comentários dessas tradições, ambos formando o *Talmude*, que é o código geral da Lei.

A parte religiosa ou filosófica se divide em teórica e prática; a teórica é representada pelo *Livro Berechist* (geração, constituição, relações dos três mundos), que se desenvolve em outro livro, o *Sepher Jesirah*.

A parte prática é formada pelo Mercasad (estudo místico do mundo divino) que se desdobra no Zohar; pelo Hieroglifismo (evolução, divisão, transposição das letras e dos números) que se desdobra no Tharot; e finalmente, pelos Manuscritos Mágicos (magia prática), atribuídos a Salomão e que se desdobra nas Clavículas.

O estudo, mesmo sintético, destas diferentes obras não pode ser comportado nos reduzidíssimos limites deste livro, como o estamos apresentando.

De qualquer forma, entretanto, se percebe que a cabala antiga foi a fonte inspiradora de inúmeras correntes iniciáticas e dos conhecimentos doutrinários esotéricos que existem pelo mundo.

III

A Ioga

A palavra sânscrita ioga significa: **união com Deus**.

Esse ramo do conhecimento hindu é francamente individualista e realiza terríveis práticas sobre o corpo físico para torná-lo expressão secundária na vida dos adeptos, levando-os, às vezes, ao ponto de torná-los insensíveis, passivamente obedientes às determinações do Eu interno.

Na essência de sua finalidade é uma doutrina de aniquilamento físico para a obtenção da libertação do espírito e sua união com a divindade.

Deriva diretamente da vedanta e se divide em cinco ramos principais que são cinco veredas de iniciação, a saber: Raja, Carma, Hatha, Bhakti e Jnana Ioga, com a derivante Laia Ioga, que visa despertar faculdades psíquicas pela ativação dos chacras.

A Raja Ioga é a senda da realização pelo desenvolvimento de poderes psíquicos, com base na concentração. Subdivide-se em vários sub-ramos que são: Vijnana (discernimento espiritual); Aksehara (o mistério da onipresença divina); Raja vidiá (a ciência dos reis); Raja guhia (o real segredo); Vibhuti (a perfeição universal) e Viçva rupa (a manifestação da forma divina).

A Carma Ioga é a realização pelas obras e pelo desapego das coisas materiais.

A Bhakti Ioga é a realização pela prática do amor.

A Hatha Ioga é a regra do domínio do corpo físico.

A Jnana Ioga é a realização pelo conhecimento das leis, e da divindade existente em cada indivíduo, que deverá ser revelada a si próprio pela iluminação espiritual.

Este conhecimento da ioga exerceu extraordinária influência no mundo ocidental, quando exposto através das obras, realmente magníficas de W. W. Atkinson, sob o pseudônimo de Ramacharaka, a partir de 1910.

O campo espiritual do Ocidente, já anteriormente preparado pela exposição da vedanta, feita em Chicago por Vivekananda, recebeu, com explicável alvoroço e sequiosidade, esses conhecimentos tão novos e expressivos, dando margem a que se criasse, como conseqüência, uma nova corrente de filosofia de vida, que pode ser denominada "Mentalismo", que propugna pelo domínio do homem sobre o mundo físico, pelo conhecimento do Eu interno e pela aplicação de suas forças dominadoras.

Esse mentalismo, que teve sua maior expressão nos Estados Unidos com as obras de Mulford, reveste-se de uma feição nitidamente utilitarista, profundamente gnóstica e representa uma extremação, uma adaptação muito radical e materialista de conhecimentos gerais do esoterismo de todos os tempos.

IV

A Teosofia

Talvez não devêssemos incluir a teosofia no rol das filosofias que estamos passando em revista e isso porque ela, realmente, não é uma filosofia ou uma religião propriamente dita; porém, como se trata de uma corrente doutrinária que nos tempos modernos está muito em voga e preocupa muitos estudiosos espiritualistas, resolvemos, por fim, incluí-la também.

Essa moderna teosofia é uma simples adaptação de conhecimentos orientais, levada a cabo por notáveis personalidades do nosso tempo, possuidoras de magníficas faculdades intelectuais e mediúnicas que, em 1875, em Nova York, ao iniciarem sua divulgação, constituíram para isso a Sociedade Teosófica. Seus instituidores são, segundo os méritos próprios: Helena Petrovna Blavatsky, Annie Besant, C. W. Leadbeater e H. S. Olcott.

Segundo o conceito de que os conhecimentos espirituais são revelados ao mundo por avatares, isto é, encarnações da divindade — a Sociedade Teosófica anunciou, como encarnação divina da época, em suas próprias fileiras a Khrisnamurti.

Pelos mesmos conceitos, a marcha espiritual do mundo é dirigida por mestres encarnados, havendo atualmente vários deles habitando diferentes lugares na terra.

Khrisnamurti, notável e magnética personalidade (que, aliás, tivemos oportunidade de conhecer pessoalmente), recebeu esmerada educação, ampla instrução e profunda iniciação filosófica, conquanto suas atividades, como uma encarnação divina, permaneceram restritas ao âmbito da própria Sociedade Teosófica até que renunciasse a elas.

A teosofia, dela mesma nada tem e, segundo uma expressão de sua própria iniciadora Mme. Blavatsky, cujo nome iniciático é Upasika, limitou-se a reunir preceitos e dogmas de antigas seitas hindus, principalmente dos dzyan e com eles construir um conjunto harmônico, acessível à mentalidade ocidental, à qual, neste campo, prestou assinalado serviço.

Seu próprio título é prolongamento de outro, já anteriormente existente, pois fora já empregado, desde o século II, por Amônio Sacas, quando fundou sua "Escola Eclética Teosófica".

Não é tampouco uma revelação, pois as verdades que prega não foram reveladas a alguém de seus membros sendo, ainda, segundo advertência feita pela sua própria fundadora, "um descobrimento de verdades antigas e ignoradas".

Visa reconciliar sob um sistema comum, todas as religiões, seitas e nações. Adota todos os conhecidos postulados doutrinários do espiritualismo em geral e em relação ao espiritismo, condena o intercâmbio mediúnico.[20]

No terreno da vida prática tem como programa aliviar o sofrimento humano em todos os seus aspectos, máxime no moral; quanto ao físico diz que o esforço deve tender à

[20] Vide *Na Semeadura I*, do mesmo autor, ítem 101, "Teosofia". (Nota da Editora)

purificação da alma, porque o sofrimento físico é sempre hereditário. É um campo de trabalho eminentemente intelectivo que, todavia, exerce inegável influência sobre o desenvolvimento espiritual dos adeptos, por estar baseado em verdades incontestáveis e porque, sobretudo, exige padrões de vida moral muito elevados.

V

A GNOSE

Conquanto a gnose venha sendo considerada unicamente uma seita divergente do cristianismo primitivo, por ter aparecido, naquela época, em oposição aos pontos de vista e ao modo de encarar as coisas divinas pelas correntes doutrinárias que seguiam os ensinos dos Apóstolos, todavia a classificamos no rol das filosofias por nos parecer que ela, ao contrário, representa uma corrente de pensamento à parte, exclusivista, bem distinta das demais.

Enuncia princípios, adota processos ou sistemas especiais de realização espiritual e, por isso, não é simplesmente uma seita.

Em síntese a gnose é o conhecimento teórico de Deus, com entronização da virtude em si mesma, realizada pelo homem sem necessidade de qualquer culto ou devoção à Divindade, podendo ele mesmo elevar-se ao conhecimento total das coisas, pela iluminação interna.

Como se vê, a gnose entrega o homem a si mesmo e ao mundo, fazendo Deus muito distante e colocando-o, mesmo, em plano à parte.

Os gnósticos julgam possuir a súmula verdadeira das tradições e conhecimentos de todos os tempos, bem como a autêntica interpretação dos ensinos secretos que Jesus de Nazaré transmitiu a seus discípulos e que foram concretizados, sob véu, no Evangelho de João.

Por isso os gnósticos pregam um cristianismo à parte, diferente do pregado pelos demais Apóstolos; um cristianismo esotérico, muito afastado da redenção pela fé pregada por Paulo e da simplicidade evangélica demonstrada pelos demais apóstolos.

Os fundadores dessa doutrina foram, segundo reza a tradição, Simão de Samaria e Menandro, que nela introduziram conceitos e ensinamentos comuns à Escola de Alexandria que contava, como sabemos, com vários elementos de ligação com o antigo hermetismo.

Admitindo a iluminação pessoal, pelo esforço próprio, para a aquisição do conhecimento total, sem recurso exterior, sem obediência a nenhum código de religião ou de moral, tornou-se a gnose uma doutrina endeusante do personalismo e das tendências egolátricas do homem, alimentando o orgulho e as vaidades que todas as demais se esforçam por corrigir.

Como um de seus fundamentos, adota a crença nas reencarnações e está dividida, quanto aos adeptos, em três categorias: a) os hylicos, ou materiais, que não podem passar da superfície das coisas, isto é, que não penetram no seu significado espiritual; b) os psíquicos, iniciados de grau inferior, já capazes de efusão, mas incapazes de ciência; e c) os pneumáticos, que possuem a capacidade de se elevarem às regiões espirituais onde se iluminam de todos os conhecimentos.

A gnose possui uma iniciação ritual onde há cerimônias de batismo, ceia, imposição de mãos, recitação de fórmulas cabalísticas, etc., e o sentido esotérico dessa iniciação é que o adepto deve transformar-se em um homem novo, despido de desejos e pleno de conhecimentos; o homem é a pedra bruta, que deve ser talhada com o martelo — que é a vontade — e o cinzel — que é o julgamento, símbolos estes utilizados mais tarde na Franco-Maçonaria.

Nas cerimônias da iniciação simbólica o adepto passa primeiro pelos mistérios iluminadores — que o prepararão para discernir, dentro de si mesmo, as vozes divinas; depois pelos mistérios purificadores, quando deve abandonar toda a sensualidade a fim de ir à presença final de Deus, em pleno êxtase.

Como sucede com todos os conhecimentos de caráter esotérico a gnose se estende bastante no campo da teoria e da concepção fantasiosa, não levando em conta as reais circunstâncias da vida encarnada e, por isso seus resultados são precários, como qualquer outra de semelhantes doutrinas.

VI

O HERMETISMO

O Egito da antiguidade era uma das nações mais adiantadas e, em matéria de espiritualidade, corria parelhas com a Índia. Possuía uma religião que os sacerdotes, nos Templos, realizavam com absoluta exclusividade. O corpo sacerdotal era dotado de grande poder político e influía mesmo nos faraós, que eram algumas vezes os sumo sacerdotes.

Ísis e Osíris eram os deuses nacionais que, com Hórus, formavam a trindade egípcia.

Para o povo era ensinada e praticada uma religião politeísta, idólatra, personificando a natureza e os animais, porém para as classes superiores havia iniciação nos Templos, onde se ministravam conhecimentos altamente espiritualizados.

O antigo Egito, que floresceu mais ou menos 5 mil anos antes de Cristo, tinha sua capital em Mênfis e foi destruído pelos hicsos, chamados "povos dos reis pastores", que, por sua vez, foram destruídos pelos formadores da dinastia dos últimos faraós que iniciaram seu domínio 1500 a.C. e cuja capital era Tebas; em seguida o país caiu sob o jugo dos assírios, depois dos gregos e, por último, dos romanos.

Os egípcios tinham grandes conhecimentos científicos, como o atestam as pirâmides e outros monumentos nacionais.

No campo espiritual possuíam, também, elevado

adiantamento sabendo por exemplo que o corpo humano é um composto triplo; que a vida é permanente; e utilizavam com maestria os elementos magnéticos para curas materiais e psíquicas.

Adoravam o sol, que chamavam Ra, as divindades da terra, da noite e da água. Davam enorme importância à vida além da morte e para isso embalsamavam os corpos e tinham vários deuses para protegerem os espíritos dos mortos, como sejam: Osíris, Ísis, Nephtys (deusa da vida e da morte), Phtah e Anubis, que acompanhavam os mortos nas regiões de sombras até que sua sorte fosse declarada.

Havia inúmeros outros deuses e deusas representando o céu, o amor: Hator; a terra, as águas, o mal — Tyfon — e outros, porém todos eles eram eclipsados pelo deus máximo Amon-Ra — o deus supremo representado pelo sol; Ra significando sol e Amon significando oculto.

Segundo esse culto os princípios vitais vêm do sol à terra e desta sobem novamente ao sol. Cada alma, descendo, começa uma existência, seguida de uma morte que a reconduzirá ao Criador; mas como essa alma é impura precisará descer outras vezes após sucessivos julgamentos justos.

Essas descidas e subidas formam a cadeia das existências que será mais ou menos ampla ou reduzida, alta ou baixa, segundo as circunstâncias da conduta individual.

Estudos feitos por renomados espiritualistas provaram que a religião do Egito era monoteísta, manifestando-se, porém, exteriormente, por um politeísmo simbólico.

Os egípcios velavam todas as forças e leis da natureza nas formas exteriores de deuses e semideuses e só davam o conhecimento verdadeiro aos que vencessem as provas das iniciações exigidas nos Templos.

As práticas de magia tinham entre eles grande desenvolvimento e o *Livro dos Mortos* está cheio delas. Este livro é muito antigo, vem da XVII Dinastia e contém os ritos da religião nacional, conforme se vê da tradução feita por Lepsius em 1842 e que se encontra no Museu de Turim.

Para os egípcios, segundo esse livro, o ser humano se divide em quatro partes: o corpo, o duplo, a alma e a essência vital. O corpo é o envoltório de carne; o duplo é o envoltório fluídico não visível, nele estando concentradas as fontes das energias físicas; a alma é a personalidade afetiva onde se encontram as energias psíquicas; e a essência vital é a emanação do espírito divino, o sopro de Deus vivendo na criatura.

Como se vê não há quase diferença do que se conhece como sendo a divisão do espiritismo, em corpo denso, corpo etéreo, perispírito e espírito.

A quase totalidade dos fenômenos espirituais provocados pelos egípcios tinham sua explicação no duplo, Kha e os desenhos e símbolos existentes nos seus monumentos por toda parte demonstram sempre essas manifestações.

Julgavam os egípcios que o duplo, em caso de morte permanecia junto ao corpo físico e por isso colocavam nas tumbas, junto às múmias, artigos de uso pessoal e alimentos. Na parte oculta da iniciação estas oferendas serviam para amarrar ao morto os pensamentos bondosos dos vivos, que lhes seriam úteis na sua peregrinação pelas sombras do mundo invisível.

A alma — Ba — era a habitação mais íntima de Khu, a

essência vital, a centelha divina e, nos casos de morte, essa essência divina voltava para sua origem — o sol — que era o símbolo do poder divino.

O Kha, o duplo e o corpo físico, no caso de morte, ficam na terra, um junto do outro; Khu, a centelha divina, volta ao elemento divino — o sol oculto; mas Ba, a alma, a personalidade humana, é quem dirige o conjunto, quem tem responsabilidade, porque é a sede da consciência. É representada pelo gavião solar — Hórus — ou como uma andorinha, de cabeça humana.

Na morte é Ba quem sofre um julgamento, enquanto os outros elementos permanecem ausentes ou inertes.

Tudo isso corresponde à parte propriamente religiosa da vida dos egípcios, porém, vamos agora ver a parte iniciática ou filosófica, que está toda condensada nos livros de Hermes Trimegisto.

Esses livros formam o hermetismo e são: o *Pimandro*, o *Asclepios* e a *Tábua das Esmeraldas*, cuja origem é remotíssima, sendo anterior às civilizações grega e romana contemporâneas. É anterior ainda a Orfeu, Pitágoras e Platão.

O *Pimandro* ensina a renúncia às coisas do mundo material e a conquista dos bens do espírito; combate a ignorância e manda o adepto procurar um mestre para guiá-lo na conquista da felicidade espiritual. No esforço da ascese o discípulo atinge a iluminação interna e penetra no reino da luz; para isso deve adormecer as sensações corporais e conquistar a pureza.

Eis como enumera Hermes, o mestre, as mais terríveis faltas do homem comum: a ignorância em primeiro lugar; depois a tristeza, a intemperança, a concupiscência, a injustiça, a avareza, o erro, a inveja, a malícia, a cólera, a temeridade e a maldade. São doze e pelos sentidos elas sujeitam o homem às paixões próprias do animal inferior e provocam os renascimentos.

O iniciado, no seu primeiro passo, deve obter o conhecimento de Deus — combater a ignorância, conhecendo-se a si mesmo, compreender o lugar que ocupa na Natureza e suas relações com os mundos superiores.

Aquele que conhece o verdadeiro fim da vida não consente no domínio dos sentidos, cultua o amor para todos os semelhantes e, nessa hora, é que nasce nele um homem novo, o ser que nele dormitava como espírito; assim conquista a paz interior, conquanto esta não possa existir no túmulo do mundo exterior, mas sim no silêncio da vida contemplativa.

Os mesmos ensinos, portanto, que nasceram na Índia e daí se espalharam pelo mundo.

No *Asclepios* a iniciação é mais avançada e o mestre já se dirige ao discípulo ensinando a adoração do Deus único Amon-Ra. É preciso nos pormos em harmonia com esta força, com esta luz para que ela em nós se manifeste. Vencendo-se e conhecendo-se, o iniciado encontra Deus em si mesmo e com ele se une para sempre, porque sabe que em Deus a lei é a unidade e que a criação divina realiza a lei do amor na Fraternidade.

Todos os seres vivos devem se tornar deuses, isto é, parcelas divinas e conscientes do Todo. Este conhecimento destrói o orgulho e leva o discípulo para a fraternidade universal.

✦

Estas iniciações do antigo Egito eram dadas nos seus templos de Tebas e de Mênfis, bem como nas pirâmides e na Esfinge. Estes últimos monumentos são de construção remotíssima, tendo sido edificados pelos homens das primeiras dinastias, descendentes diretos dos capelinos, através da Atlântida.

A esfinge tem cabeça de homem, corpo de leão, asas e garras; sua face mede nove metros de altura, sendo 57 m a altura total.

As pirâmides são três principais: Quéops, Quefren e Miquerinos, e medem 145, 137 e 66 metros de altura, respectivamente.

Até hoje subsiste a dúvida quanto à finalidade dessas monstruosas construções. Opinam uns que eram túmulos dos reis, outros que eram monumentos científicos e ainda outros que eram meras manifestações políticas da grandeza dos faraós.

A arqueologia prova que eram túmulos.

Emmanuel ensina que eram construções feitas pelos capelinos que assim deixaram na Terra uma demonstração irremovível e grandiosa de seu exílio neste planeta.

É, porém, fora de dúvida que foram estes monumentos utilizados como templos iniciáticos dos antigos egípcios, onde os adeptos passavam pelas inúmeras provas que essa iniciação exigia: a do fogo, da água, da terra e do ar, além de todas aquelas de caráter psíquico e moral que os tornavam aptos a merecer as revelações mais altas sobre Deus e sobre as leis que regulam a vida e a morte.

VII

O Espiritismo

Com o capítulo anterior, tratando do hermetismo, finalizamos o ligeiro retrospecto que vimos fazendo de diferentes religiões e filosofias e passamos agora a encarar o espiritismo propriamente dito, para situá-lo em face a todas elas.

Muito significativamente, logo de início, deixamos de incluí-lo entre as duas classificações gerais — de religiões e filosofias — visto que ele se coloca à parte, mantendo uma posição singular, entre as diversas correntes do conhecimento espiritual.

Em qualquer situação em que se o coloque ele aí ficará bem e em seu devido lugar.

Pode ser encarado como religião, sem contudo apresentar os defeitos que estas possuem; pode ser posto entre as filosofias e, nesse terreno, apresenta logo condições de vivo destaque, porque oferece possibilidades novas de conhecimentos mais amplos e mais elevados; pode ser considerado uma ciência no que se refere ao conhecimento da vida cósmica e também nesse terreno ganha relevância, porque permite soluções de problemas até hoje considerados insolúveis, oferecendo meios de analisá-los direta e objetivamente.

Está na raiz e na essência de todos os conhecimentos,

engloba-os todos e pode ser considerado uma espécie de cúpula a rematar, pelo alto, a vasta e complexa estrutura do pensamento religioso, na sua evolução até o presente.

Entretanto, apesar de integrar-se em todas as manifestações da religiosidade humana, representada pelas doutrinas que vimos estudando, não deriva de nenhuma.

Por exemplo: nada possui dos cultos primitivos do totemismo, conquanto os efeitos resultantes da adoração de objetos, animais, plantas e elementos da Natureza sejam, até certo ponto, frutos da intervenção de forças e entidades dos planos da vida espiritual inferior.

Não é o fundamento das concepções da trilogia chinesa mas, entretanto, está ali bem expresso e vivo no culto prestado aos antepassados e nas práticas que os chineses utilizam para o intercâmbio que com eles mantêm após a morte.

Não descende do hinduísmo, porque não admite separações de castas, nem privilégios sacerdotais.

Do vedismo não tem as cerimônias supersticiosas, a prática de sortilégios, o misticismo grosseiro; do bramanismo, a rigidez impiedosa, as limitações desesperadoras e o conceito da metempsicose, que admite o retrocesso do espírito às formas da vida animal inferior.

Se oferece muitos pontos de contato com o budismo, no que respeita à fraternidade e ao sentimento de caridade para com o próximo, todavia, não aceita dele essa concepção gnóstica de poder o homem viver sem Deus, evoluindo unicamente pela renúncia e pelo desapego das coisas do mundo, porque sabe que as coisas materiais são necessárias e úteis à elevação do espírito, porque é com auxílio do mundo material que pode realizar as experiências da sua própria evolução; por isso mesmo não aceita o isolamento, o ascetismo, o anacoretismo mas, ao contrário, aconselha o trabalho em comum no campo da vida social, a partilha das dores e das alegrias, dos erros e dos acertos, para que o ser humano possa subir em perfeito equilíbrio, adquirindo da vida um conhecimento integral e completo.

Se reconhece, com o masdeísmo — a existência de forças que levam para o mal, não aceita o mal como tendo existência à parte e independente, como um poder distinto e antagônico mas, ao contrário, prega que o mal é unicamente a ausência do bem, uma ação praticada por espíritos ignorantes, em condições inferiores de conhecimentos; que, com o correr do tempo, pelo uso do livre-arbítrio e pelas experiências sucessivas que fizerem, passarão a agir em planos diferentes praticando unicamente o bem.

Se existe no judaísmo, em relação ao espiritismo, em todas as manifestações de espiritualidade que ele demonstra, bem como no intercâmbio com as entidades espirituais superiores, estreitos contatos e similitudes doutrinárias; se o judaísmo é religião monoteísta e matriz do cristianismo, todavia sua organização sacerdotal, exclusivista e com visos de predestinação racista, oferece diferenças profundas com o espiritismo que é universalista, despido de fórmulas e essencialmente regenerador do espírito humano.

E quanto ao Islã?

O fanático fatalismo islâmico não encontra lugar na doutrina que reconhece o livre-arbítrio como um dos atributos mais importantes do ser humano em evolução.

Apesar de também monoteísta e imortalista, o Islã, pelo

exclusivismo religioso, que o levou à propagação de seus dogmas pela força, afasta-se do espiritismo, que prega a fraternidade entre todos os homens e a tolerância sob todas as formas e condições.

E como situá-lo em face do cristianismo oficial?

As religiões organizadas, visando o poder temporal, apesar de se apoiarem nos testamentos sagrados dos hebreus e nos Evangelhos cristãos, usam de interpretações literais, afeiçoadas a seus próprios interesses, sem esforço de penetração mais profunda e sem exemplificação evangélica na vida prática, mormente no que respeita ao próprio indivíduo.

O espiritismo norteia os homens para o conhecimento evangélico segundo o espírito e não segundo a letra, e para sua exemplificação em todos os atos da vida individual; visa, sobre toda outra qualquer atividade, cristianizar a humanidade, evangelizando-a.

✦

Tudo isso que acabamos de dizer em relação às religiões, da mesma forma se aplica às filosofias, pois o espiritismo não descende de nenhuma delas, conquanto esteja integrado em todas, na essência espiritual de suas concepções.

Não pratica a magia dos cabalistas, nem suas fórmulas sacramentais ou ritos misteriosos; não exige preparações ou cerimônias iniciáticas, com votos e juramentos secretos; não submete os adeptos a provas ou representações alegóricas, nem usa artifícios de qualquer natureza para transmitir-lhes conhecimentos espirituais; nada no espiritismo existe de quanto exige a iniciação tradicional do esoterismo.

Seus ensinos são públicos, ministrados de portas abertas, sem restrições sectárias ou mundanas; não estabelece privilégios hierárquicos como no clero, salvo as diferenciações que a própria evolução moral do indivíduo estabelece por si mesma, não tem avatares, nem mestres, nem senhores, santos ou iluminados, mas nivela todos os homens perante as leis que regem a vida universal; em todos vê somente irmãos, seres humanos que trabalham, que sofrem e que lutam, no espaço e no tempo, infinitamente, em sua evolução para Deus.

Como religião mais avançada que todas as outras, exerce grande influência na transformação social e moral por que passará o planeta brevemente. Seu será, sem a menor dúvida, o futuro religioso no Terceiro Milênio.

VIII

PONTOS COMUNS DE CONCORDÂNCIA

Vimos no capítulo anterior que o espiritismo está no âmago de todas as doutrinas, conquanto não dependa nem descenda de nenhuma delas.

É ele então uma doutrina à parte, original ou diferente?

Não. O espiritismo é a grande árvore, que tem muitos ramos, cada qual apontando num sentido e dotado de fisionomia própria, conquanto sem muitas diferenciações no conjunto.

O espiritismo todavia não é simplesmente uma nova árvore nascida isolada e de feição especial, mas também uma força nova, que veio, cobriu todos os ramos da árvore antiga, uniu-os entre si, fechou todas as lacunas, sobrelevou-se a todos e prolongou a árvore para cima, tornando-a mais forte, mais alta, mais perfeita.

Trouxe conhecimentos que estavam revelados parcialmente em todas as demais doutrinas, completando-as, esclarecendo-as.

Tem estado de uma certa forma coexistente desde sempre em todas elas e somente com seu advento os pontos obscuros puderam ser compreendidos, os erros corrigidos e as falsas interpretações substituídas por outras mais reais.

Qual destas doutrinas não prega ou pregou a imortalidade, a vida *post-mortem*?

Qual delas não reconhece a existência de um Deus soberano ou de uma hierarquia de entidades espirituais subordinadas?

Qual não prega o exercício do bem como condição de salvação ou de progresso espiritual?

Qual não reconhece um Criador e uma criação?

Tudo são pontos comuns.

Em qual delas não são reveladas manifestações de entidades que viveram na Terra?

E não há referências muitíssimo claras da posse de faculdades mediúnicas por parte de seus homens e mulheres, seus santos e heróis?

São outros pontos comuns.

E a maioria das doutrinas citadas não admite ou demonstra a reencarnação? As vidas sucessivas e a pluralidade dos mundos?

E muitas delas não admitem também a involução e a evolução do ser individual?

Não são outros pontos comuns?

Mas então é de se perguntar: que é que o espiritismo trouxe de novo?

E a resposta é: trouxe provas e alargou os conhecimentos. Se todos falam de imortalidade, se muitos pregam a reencarnação e as vidas sucessivas nos diferentes mundos do Universo, entretanto, somente o espiritismo trouxe as provas desses fatos e os detalhou de forma objetiva; somente ele estabeleceu bases seguras e indiscutíveis do intercâmbio entre seres habitantes de mundos e esferas diferentes; colocou a mediunidade como fundamento desse intercâmbio e estabeleceu as regras para sua realização; desvendou novos campos no conhecimento da vida além-túmulo e nas relações dos seres habitantes dos diferentes mundos e esferas; mas, sobretudo, desenterrou o Evangelho da mistificadora capa das interpretações literais, fazendo-o ressurgir no seu verdadeiro aspecto e significado; com tudo isso deu novo alento à alma humana, novas seguranças aos corações descrentes e novos rumos aos espíritos imersos em perturbação religiosa. Trouxe as novas esperanças do Paracleto.

Por isso é que ele se chama O Consolador, a Terceira Revelação, o Cristianismo Redivivo.

IX

A REVELAÇÃO É PROGRESSIVA

É conhecido o fato, como já dissemos no princípio, de cada religião ou filosofia arrogar-se a qualidade de única verdadeira e detentora da Verdade total, tanto no que respeita a Deus e ao Cosmo, como à vida espiritual e à conduta social dos homens.

Cada uma, entretanto, dessas doutrinas, dessa Verdade total unicamente recebeu a pequena parcela que sua própria condição evolutiva comportou.

A Verdade total é inacessível a espíritos em graus inferiores de evolução e somente entidades de hierarquia elevada, já libertadas da vida física, não mais necessitadas de reencarnação, de resgate ou esclarecimento, são capacitadas para compreender e viver de maneira compatível com a posse de conhecimentos tão transcendentes.

E esses mesmos, os espíritos puros, eleitos do Senhor, comparticipantes divinos na direção do Cosmo, e que habitam planos de vida ainda inconcebíveis para nossa rudimentar percepção, conhecerão eles essa Verdade total?

Não será ela um atributo ou privilégio exclusivo do Criador?

Quem pode saber?

E como, pois, falar em Verdade total?

✦

Por isso é que o espiritismo ensina que a revelação é parcial e progressiva e que ele mesmo, o espiritismo, é uma parte dessa revelação progressiva.

Contido em gérmen ou essência em todas as religiões e filosofias que, no quadro geral, não passam de "revelações parciais", adaptadas pelo homem às necessidades ou conveniências de uma época, de uma raça, povo ou comunidade afins, veio ele assim, pelo tempo, até o momento em que, com a Codificação Kardeciana, pôde se emancipar da trama onde se achava submerso, e formar um sistema próprio, independente, de verdades essenciais reunidas e selecionadas.

A Codificação, pois, representa uma segunda série de revelações que já está sendo, a seu turno, superada, em certos detalhes, com a outorga de conhecimentos novos, mormente no que respeita aos planos invisíveis inferiores, e esse processo continuará, com revelações cada vez mais amplas e mais avançadas, sempre na medida do compatível com o grau de evolução da humanidade.

Para se confirmar esse enunciado basta atentar para as obras de objetivação da vida e conduta moral nos planos hiperfísicos, reveladas mediunicamente na Inglaterra, Estados Unidos e em nosso país mas, sobretudo as de André Luiz e Emmanuel — minudentes, precisas, edificantes — que vieram abrir novos horizontes, singulares e expressivos, no conhecimento do além-túmulo.

Pensando bem, talvez possamos crer que as atuais revelações desse gênero marcam o início de uma nova época, um tanto mais avançada, que tende a preparar os espíritos, neste fim de ciclo evolutivo, para o advento do Terceiro Milênio, em perspectiva.[21]

✦

Dissemos atrás que o espiritismo estava contido em gérmen nas religiões e filosofias que até agora surgiram na Terra e isso pode ser facilmente verificado.

As práticas e sortilégios realizados nos albores dos tempos pelas tribos selvagens, e ainda adotadas pelos seus remanescentes que habitam a África, América, Ásia, Austrália e Ilhas do Pacífico, demonstram sistematicamente a interferência de entidades rudimentares dos planos astrais inferiores, que são sempre os agentes vivos dessas manifestações.

As práticas da cabala, da magia, da goécia, são da mesma forma, manifestações dessa natureza.

Quase todas as religiões e filosofias conhecidas são produtos de revelações feitas a indivíduos missionários, por espíritos desencarnados, e foram obtidas por meio de mediunidade, que sempre foi e continua a ser a pedra angular das manifestações espíritas.

Os deuses, gênios e outras entidades divinizadas das mitologias antigas, eram espíritos invisíveis que interferiam na conduta e nos atos humanos, orientando-os, esclarecendo-os ou perturbando-os, segundo suas próprias crenças e condições morais.

[21] Há várias obras, já publicadas, que visam essa preparação.

As visões dos santos e iluminados, os êxtases, as tentações, os deslumbramentos, os milagres, tudo é manifestação de vida espiritual, perfeitamente enquadradas e explicadas pelo espiritismo, e que temos hoje constantemente sob nossos olhos, numa repetição altamente evocativa e esclarecedora.

A Codificação Kardeciana reuniu e enfeixou essas manifestações, explicou-as, classificou-as e ordenou-as, com método e clarividência; deu corpo uniforme e homogêneo a esse conjunto de fatos esparsos e com eles estabeleceu um sistema, uma doutrina, que os mesmos espíritos invisíveis — porém desta feita de mais alta hierarquia — vieram então iluminar, esclarecer, entrosar no conjunto das leis cósmicas, para que, por fim, surgisse um conhecimento mais perfeito, completo e avançado, que a humanidade, já agora mais evoluída, está em condições de receber.

A Codificação homologou o passado, consolidou o presente e abriu novos rumos ao futuro, no que respeita ao conhecimento espiritual planetário.

X

A Iniciação Maior

Temos até aqui procedido a uma análise, se bem que muito sintética, das religiões e filosofias conhecidas e demonstrado que o espiritismo, muito embora contido em todas elas e por todas praticado, todavia, de nenhuma depende ou provêm.

A Verdade é uma só e universal e todas as crenças possuem dela um certo vislumbre segundo a própria inspiração que as criou o que, evidentemente, demonstra a unidade dos acontecimentos espirituais e sua origem comum; na maioria das vezes as fontes donde dimanam os raios da sabedoria (nestas esferas de atividade inferior que incluem a Terra) são sempre as mesmas, a saber: os Mensageiros do Senhor, prepostos na tarefa de auxiliar a humanidade no seu esforço evolutivo e que, em determinadas circunstâncias e épocas, trazem aos homens partículas da verdade eterna, revelações progressivas que vão se transformando, com o tempo, em corpos de doutrinas, sistemas filosóficos, ou códigos religiosos.

Esses Mensageiros do Senhor ou descem diretamente à Terra, encarnando entre os homens, ou lhes transmitem o conhecimento pela porta larga e sempre aberta das faculdades psíquicas.

O espiritismo, como o Paracleto anunciado no Evangelho

pelo próprio Cristo, veio ampliar e completar até certo ponto, todas as revelações e conhecimentos anteriores.

Nos primeiros tempos da vida humana não houve propriamente iniciação espiritual; criaram-se religiões cujos objetivos eram, predominantemente, conter o impulso dos instintos e dominar multidões. Somente mais tarde, quando a inteligência se desenvolveu, o espírito amadureceu, e a capacidade especulativa ou analítica eclodiu, é que surgiu o primeiro intento, metódico e objetivo de iniciação espiritual que, por isso mesmo, foi nitidamente intelectual.

Vejam-se as correntes iniciáticas da Índia, da Pérsia, do Egito, da Grécia e, sem muito esforço, se concluirá que eram profundamente intelectuais.

Nesse campo pode-se admitir que Pitágoras e Sócrates foram as expressões mais úteis e mais altas do pensamento humano da época; o primeiro sintetizando, de forma expressiva, o conjunto dos conhecimentos até então adquiridos pelo homem e os transmitindo proficientemente em sua Escola Iniciática de Crotona; e o segundo, vindo já como um elemento de transição para o advento do futuro cristianismo.

O Cristo veio encerrar esse longo período e abrir os ciclos da evolução pelo sentimento, simbolizado pela cruz.

Por isso ele pregou sobretudo o amor, a renúncia e a humildade, únicos apoios que deveriam ser dados, então, ao homem, como auxílio para as amarguras das novas provas, visto que o sentimento, nas esferas inferiores, não evolui sem a dor. Por isso é que o sofrimento cresce cada dia que passa, avassalando toda a terra nestas explosões de violência e de maldade, de inquietação e de tumulto, que caracterizam os dias atuais. Esta iniciação não é aristocrática ou confinada em templos ou mistérios, mas universal, devendo estender-se com o correr dos tempos a todo o gênero humano.

E assim como o espiritismo — que é o Paracleto, o Cristianismo Redivivo — entra a humanidade na Terceira Iniciação que tem o escopo de estabelecer o equilíbrio do espírito do homem e ao mesmo tempo operar a sua libertação de todos os dogmas, conceitos estreitos, superstições religiosas ou imaginações filosóficas, para levantá-lo para o Alto, aproximando-o muito mais da verdade espiritual imanente.

Por isso ele não veio ditado pela boca de um só, mas pela de muitos Mensageiros de hierarquias diferentes, e todos autorizados, que estabeleceram novas bases para o conhecimento, com aspectos concludentes, lógicos e perfeitos, tanto do ponto de vista religioso, como filosófico e científico; e como demonstração viva de sua autoridade, sustenta essa outorga de conhecimentos com as realizações irrefutáveis e generalizadas do campo da mediunidade.

Esta Terceira Iniciação, pois, é a do equilíbrio e da libertação do espírito humano; unirá o intelecto ao sentimento, a sabedoria ao amor, e lançará o homem, ao início de um novo ciclo, para as regiões mais iluminadas e mais puras de um mundo mais alto e maior.

✦

Grande é o vulto dos benefícios que o espiritismo trouxe ao mundo, e somente o futuro poderá focalizar-lhe a extensão e a profundidade, quando o homem, ao seu poderoso e irresistível influxo, tiver se emancipado dos erros do passado e, olhando para trás, verifique que, com seu auxílio e com suas luzes, conseguiu realizar uma tarefa pesada, evangelizar-se, devassar horizontes mais amplos, e caminhar um caminho longo em tempo relativamente curto.

E só então, contritamente, poderá compreender e dizer: "Bendito seja aquele que vem em nome do Senhor".

XI

Nos Termos de Uma Etapa

O espiritismo é, pois, o mais avançado e perfeito sistema de iniciação espiritual dos tempos modernos, e as claridades dos seus ensinamentos iluminam os caminhos do adepto, como jamais o conseguiram quaisquer outras das doutrinas até hoje conhecidas e professadas, porque desde o seu advento realizou, entre muitas outras, estas coisas notáveis:

1°) Colocou as verdades essenciais ao alcance de toda a humanidade, sem distinções ou limitações de qualquer natureza, salvo as referentes à própria negatividade individual.

2°) Completou o quadro dos conhecimentos espirituais, compatíveis com o entendimento dos homens desta época, transmitindo esclarecimentos ainda não revelados até o presente.

3°) Eliminou a necessidade de iniciações secretas e sectárias, generalizando seus conhecimentos para toda a massa do povo, sobretudo popularizando o intercâmbio entre os mundos, pela mediunidade.

4°) Demonstrou que o progresso espiritual só pode ser realizado em boas condições, mediante o desenvolvimento equilibrado e recíproco, do sentimento e da inteligência.

5°) Revelou que o Cristo — o Verbo — é o arquiteto da estruturação e da organização da vida neste planeta, medianeiro entre Deus e os homens, e que seu Evangelho é a síntese da mais alta moral e a norma da mais elevada realização espiritual.

6°) Evidenciou que o conhecimento das coisas de Deus não deve nem pode ser adquirido por métodos contemplativos, no isolamento das coisas do mundo mas, ao contrário, no convívio de todos os seres, ao contato das dores, das misérias e das imperfeições de todos os homens porque a vida, ela mesma, é que fornece experiência, sabedoria e elementos de aperfeiçoamento.

7°) Libertou o homem da escravização religiosa e do esforço, quase sempre improdutivo, da especulação filosófica, ofertando-lhe conhecimentos reais, concludentes, lógicos e completos, todos eles, como já dissemos anteriormente, passíveis de demonstração experimental.

O Esoterismo

Não devemos subestimar o papel que o esoterismo desempenhou no mundo, pois que ele foi relevante, indispensável e precioso.

Se é verdade que nele existe muita coisa fantasiosa, inscrita nos seus arquivos, como fruto de mera cerebração individual ou de experiências unilaterais, não concordantes com a verdade geral dos fatos, todavia foi por meio dele que a tradição espiritual se perpetuou através das idades e gerações, vencendo obstáculos de toda ordem, enfrentando seus líderes muitas vezes o martírio e a própria morte.

O sistema iniciático adotado era realmente o único que poderia sobreviver, tendo em vista as perseguições de caráter religioso que ensangüentaram os séculos passados e impediram a divulgação, franca e desassombrada, dos conhecimentos espirituais verdadeiros, adulterados propositadamente pelas igrejas oficiais, protestantes e católico-romanas, por não convirem aos seus próprios e peculiares interesses; e hoje se a divulgação é tolerada e as realizações do campo social permitidas é porque as autoridades religiosas perderam grande parte do seu antigo poder, por força da evolução natural do espírito humano.

Se o esoterismo, por justificada conveniência, apresentou separação, limitação de possibilidades, no que respeita ao conhecimento e a realização espiritual, o espiritismo, ao contrário se traduz como união e libertação; se o primeiro era um sistema de parada, de expectativa, no sentido de que os homens deveriam aguardar melhores dias para o trabalho geral, o segundo é um comando de avanço, um sinal de que a hora de esforço chegou para todos os homens. Se o esoterismo foi um velário que cobria mistérios inacessíveis, o espiritismo é a força que rasga a cortina, revelando horizontes escampos, iluminados, acessíveis a todos os caminheiros.

Se o primeiro colocava Deus fora da órbita das possibilidades humanas, o segundo aponta o Cristo como a revelação física da Divindade, isto é, como o aspecto da Divindade acessível ao homem, por força de uma individuação divinizada.

Um limita, outro expande; um dificulta, outro facilita; um restringe o esforço ao campo do indivíduo, outro dilata as possibilidades, pelo concurso estimulador de forças e entidades de planos de vida diferentes.

A concepção filosófica de Deus, na antiguidade, era uma concepção de força, poder, inacessibilidade.

Jesus Cristo, porém, trouxe aos homens uma idéia, que mais de perto lhes falou ao sentimento, mais correspondeu às suas necessidades de seres fracos e retardados e mais alto os colocou na escala da criação divina: a concepção de paternidade.

Se a primeira concepção, impiedosa e fria, agradava mais ao intelecto investigador e analítico, a outra, a cristã, encheu de graça os corações, deu novas esperanças à vida dos homens, na sua miséria e sofrimento, falando-lhes de fraternidade e de amor.

Assim, além de tudo o mais que fez, o Divino Mestre beneficiou também o mundo, completando a definição da Divindade, ampliando-a no campo do coração e dando aos homens um conhecimento mais amplo e um maior teor de confiança para a sua evolução espiritual.

Deus continua invisível, inacessível, como antigamente, porém, está mais próximo do homem tornando-se visível e acessível na pessoa do Filho, o Verbo, o Cristo.

Ambos, esoterismo e espiritismo, pregam a Verdade por modos diferentes, com aspectos e limites diferentes, no entendimento e na prática e, quanto aos resultados, não há comparação possível entre os sistemas, pois que, enquanto o esoterismo é intelectual e introspectivo, o espiritismo é essencialmente ação realizadora, tanto no campo individual como no coletivo.

Um é seletivo e aristocrático, enquanto outro é generalizado e democrático; um de elites, outro de massas, finalmente.

O esoterismo, repetimos, foi útil, cumpriu sua tarefa mas chegou ao seu termo, segundo os processos que adotou, enquanto o espiritismo torna-se agora indispensável, insubstituível e apenas inicia a sua majestosa caminhada; por isso o esoterismo é a tradição, o passado, e o espiritismo é o futuro, a redenção.

O primeiro depõe agora o seu bordão e pode assim dizer ao mundo: Peregrino de muitas terras e de remotos tempos, aqui vos entrego o facho da luz eterna, que fielmente conservei aceso através de todas as dificuldades e vicissitudes da penosa jornada.

Homens do presente, apoderai-vos dele, iluminai-vos às suas claridades e perpetuai a sua resplendente chama.

E o espiritismo responderá: Testemunho das idades, guardião fiel das tradições do espírito, repousa agora de tuas vigílias, pois que a luz da Verdade não se apagará, jamais, mas, ao contrário, de agora em diante resplandecerá mais viva.

Homens do futuro, rejubilai, porque a hora chegou em que o campo do teu entendimento se ampliará, e novos caminhos estão se abrindo para que as ovelhas tresmalhadas possam alcançar, no próximo ciclo, o aprisco acolhedor, onde o Senhor do Rebanho as espera, carinhosamente, para as alegrias da consumação.

XII

O Espiritismo como Fator de Evolução

Desde os albores dos tempos, os homens se preocuparam com os problemas da vida e da morte.

Nos princípios do mundo a terra inóspita e rude, coberta de florestas imensas e povoada por homens ferozes e feras monstruosas, espelhava um céu mutável, fecundo de fenômenos e transformações aterrorizadoras.

Inteiramente imerso na luta de vida e de morte pela alimentação e pela sobrevivência, no coração do homem não havia lugar para confiança ou segurança, mas somente para superstição e temor.

Sua inteligência ainda era rudimentar e curta porém, mesmo assim, constantemente estavam perante seus olhos as verdades divinas e os chamamentos do Criador através dos fenômenos da Natureza que rugiam na terra e no céu ao seu redor; e pela interferência dos espíritos (deuses) que o conduziam pela mão, como a uma criança irresponsável.

Desde o princípio, nos horizontes do mundo, as luzes do céu se levantaram providencialmente para esclarecer as almas, falando-lhes de Deus, do seu amor e de sua justiça.

Se é verdade que o homem semi-animal dos primeiros dias do mundo não possuía ainda qualquer sentimento religioso, limitando-se a lutar pela sobrevivência, confiado em suas próprias forças o tempo, todavia, passando sempre, trouxe o desenvolvimento dos sentidos e da mente, da inteligência e do coração.

E umas após outras, as luzes vieram surgindo, cada uma representando uma revelação complementar e multidões inumeráveis as seguiram, movimentando-se ao trabalho milenar e lentíssimo do aprimoramento de suas almas, na satisfação de seus anseios e na consolação de suas dores.

E do homem primitivo das cavernas ao homem aqui civilizado dos arranha-céus que imensa sucessão de horas, dias, meses, anos, centúrias e milênios e, ao mesmo tempo, que mesquinhez de resultados no campo da vida moral das criaturas!

Nos dois extremos da cruel jornada os sentimentos não se modificaram tanto como era de prever: como antigamente, os homens hoje ainda se matam, se destroem uns aos outros, inconscientes de sua irmandade celeste; se odeiam e se afastam uns dos outros pela raça, pela cor, pelos ideais, pela crença quando já era mais que tempo de se amarem como irmãos.

A inteligência grandemente desenvolvida não selecionou suas atividades pelo bem mas, muito ao contrário, suas mais esplêndidas conquistas são feitas sob o acicate da morte e da luxúria e o suor dos trabalhadores nas fábricas, nos campos, nas usinas, se acumula no benefício de poucos ou de ideais vãos.

O mundo inteiro apresenta um aspecto de inquietação e desvario e o homem cada dia mais se afasta dos caminhos religiosos que lhe foram indicados pelos ancestrais.

Mas, então, é de se perguntar: terão as religiões fracassado?

Não mais representam elas esperança na vida e na morte? Não mais estão aptas a orientar os homens nos seus caminhos para Deus?

E a resposta é que, cada uma delas fez e ainda faz o seu papel, porém, como tudo que passa, elas também estão passando, superadas por conhecimentos novos, e novos horizontes que se dealbam para os olhos fatigados e inquietos do mundo.

✦

Nos tempos escuros, já passados, quando chegou a sua hora, as luzes das religiões brilharam umas após outras e todas executaram no devido tempo suas tarefas, influindo de forma mais ou menos benéfica no destino dos povos. Muitas já desapareceram na voragem dos evos e outras ainda permanecem mais ou menos vivas e atuantes, como heranças de um passado morto.

A Doutrina dos Espíritos, todavia, a última revelada, congloba todas as demais e a todas supera, tanto na parte do entendimento como na da consolação, sobretudo, no das realizações evangélicas.

Evidentemente, o espiritismo é a esperança nova e mais robusta para o esforço de redenção da humanidade e com ela o homem se levantará da condição de animal civilizado para a de cristão verdadeiro, redimido de si mesmo nas luzes da espiritualidade superior.

Ao se aproximarem os cataclismos aterrorizantes que marcarão o fim deste ciclo, a hora do julgamento, na comovente transição do segundo para o terceiro milênio, o espiritismo é a força nova que surge no mundo, superando a todas as demais e oferecendo ao homem conturbado ensinamentos verdadeiramente redentores, a segurança que perdeu-se, a esperança que havia desaparecido, a fé que de há muito desertou de seu coração.

Fé numa vida melhor, numa redenção próxima, numa possibilidade maravilhosa de desde agora, sem mais delongas, enveredar com segurança pelo caminho da salvação.

✦

Quando os homens, nos seus caminhos, atingiram a Quarta Raça e habitaram o mundo da civilização chamada Atlântida, os cultos religiosos já estavam se generalizando, porém visavam, mais que tudo, a aquisição de poderes psíquicos, no campo da magia; e por terem sido aplicados no sentido do mal, para predomínio do mundo, enveredaram pela violência e pela corrupção acarretando a sua própria destruição.

Com a Quinta Raça, que veio em seguida, as experiências e os sofrimentos já forçaram os homens a concepções religiosas mais evoluídas, surgindo o fulcro oriental das religiões hindus, com a trilogia vedismo-bramanismo-budismo, matrizes que foram de quase todas as crenças religiosas que vieram em seguida.

Prosseguindo o tempo a rolar, uma forte claridade surgiu no mundo quando, na comunidade ainda rude dos hebreus, recém-libertados do jugo egípcio, Moisés, o missionário divino, desceu do Sinai trazendo na mão o código religioso denominado Os Dez Mandamentos da Lei.

Porém, a grande luz somente brilhou quando o Cristo planetário, no veículo carnal purificado de Jesus de Nazaré, na Palestina, morrendo na cruz infamante, legou à humanidade terrestre o código de vida moral mais elevado que existe, o alvo de vida religiosa mais seguro e perfeito até então posto ante os olhos humanos.

Nesse código — que é o Evangelho — lá está, no sermão da despedida, a maravilhosa promessa da redenção feita aos apóstolos mas, na realidade, dirigida a todos os homens, nos momentos cruciais que antecederam de perto os acontecimentos emocionantes da crucificação.

✦

Nosso país está na vanguarda da expansão do espiritismo religioso em relação ao mundo inteiro porque o Brasil está fadado a orientar o mundo, manter a chama viva da espiritualidade. Por isso é que Humberto de Campos o intitulou, inspiradamente — Coração do Mundo, Pátria do Evangelho.

XIII

Espiritismo — Religião do Futuro

Conquanto, desde há um século esteja abrindo caminho no coração dos homens, o espiritismo somente nos dias que se aproximam se transformará em religião universal "quando a palavra do Evangelho for pregada em todo o mundo".

Porque o homem que sofre e que se abate e desespera deseja consolações e esperanças e não filosofias ou mistérios quase sempre inoperantes.

Como o Consolador, o espiritismo ampara os corações aflitos, estimula os fracos, soergue os abatidos, orienta os que estão perdidos, acalma os aflitos. Ninguém há que estenda a mão e a recolha vazia de bens morais, de esclarecimento espiritual ou de realento de coração.

Nem outra poderia ser a atividade da doutrina que veio ao mundo para a realização de uma promessa daquele que para todos os cristãos é o Caminho, a Verdade e a Vida.

✦

Nos horizontes do mundo, a terra do Cruzeiro é aquela onde mais brilham as luzes do Paracleto e onde, pela voz de milhares de porta-vozes mediúnicos, o Espírito Verdade, o Espírito Santo, mais clara e desassombradamente desce dos céus e se manifesta aos homens.

Ante essa luz esplendente que revela os mundos invisíveis e descerra os véus da alma para o Cristo; que consola os aflitos e lhes fornece renovadas e definitivas esperanças; as crianças, desde os primeiros passos, se orientam com simplicidade, sem o pesadelo de mistérios indecifráveis, sem afirmativas nebulosas e aterrorizadoras; as moças se lançam desde logo às realizações espirituais evangélicas sob a égide amorosa de Jesus; os adultos rematam suas tarefas encarnativas de reforma íntima com segurança e fecundidade e os velhos, no seu isolamento, no silêncio de sua preparação para a morte, realizam nas suas almas a sublimação e os reajustes necessários à redenção de seus espíritos.

✦

"Nos três diferentes aspectos que o espiritismo apresenta, a finalidade principal, sem a menor dúvida, está contida no aspecto religioso; é aquela que remonta, no curso do tempo, ao Paracleto quando Jesus disse que não nos deixaria órfãos; que mais tarde nos enviaria o Espírito Verdade para ensinar as verdades que Ele próprio — o Cristo — não poderia, naquela ocasião, revelar, considerando o atraso evolutivo da humanidade; e, também, quando, noutro ponto, disse que conheceríamos a Verdade e que esta nos tornaria livres.

Ora, essa promessa de ensino de futuras verdades está sendo realizada pelo espiritismo que de certa forma e, pelo menos nas mentes de hoje, ressuscitou Jesus Cristo, dando nova vida e significação aos seus ensinamentos redentores.

Portanto, se Ele é a promessa do Paracleto em pleno curso e se essa promessa se refere, principalmente, ao conhecimento de verdades espirituais redentoras, é evidente que sua finalidade principal é esclarecer e espiritualizar seus adeptos, evangelizando-os porque este é o único meio de se libertarem das esferas da vida espiritual inferior, da escravidão do pecado e do erro.

Mas, que significa espiritualização, evangelização?

Será, porventura, cada um viver normalmente sua vida, gozando dos bens da saúde, das comodidades, das honrarias e posições que esta vida lhes proporciona?

Absolutamente não; muito ao contrário, espiritualização é desprendimento do mundo e de seus atrativos e fascinações. Mesmo quando não se o abandone e despreze, pois que nele vivemos e dele necessitamos para as realizações evolutivas, todavia, não o devemos considerar como um fim mas, simplesmente, como um meio de atingirmos pontos mais altos na escalada da verdade espiritual.

Portanto, espiritualização é renúncia, sacrifício, devotamento ao próximo, bondade e humildade; é conquista de virtudes morais e sua exemplificação no ideal de servir e não o usufruto de bens materiais perecíveis.

Por isso é que o Divino Mestre deixou esta advertência profunda: “Buscai em primeiro lugar o Reino de Deus e sua justiça e tudo o mais vos será dado por acréscimo”.

Buscar o Reino de Deus é subir na espiritualização de si mesmo, é conquistar as virtudes cristãs que o Divino Mestre exemplificou com a sua própria vida, comprovando com seus atos as verdades que ensinava.

Portanto, se o espiritismo é a atualização dessas verdades, se é o Paracleto prometido e já chegado, sua finalidade não é somente o intercâmbio mediúnico entre vivos e mortos; não é a assistência material que se presta caridosamente aos necessitados; não é a cura de moléstias sempre úteis à purificação de corpo e espírito; nem tampouco a fenomenologia ostentada pelas sessões de efeitos físicos; nem a maior parte dos atos e práticas realizados diariamente por toda parte nos agrupamentos espíritas mas, simplesmente, a espiritualização, repetimos, a evangelização dos adeptos; não os conhecimentos do campo intelectual que quase sempre levam para a egolatria, mas os esforços humildes e silenciosos da reforma íntima que exclusivamente operam no campo da vida moral.

Por isso é que o insigne Codificador Kardec asseverou, de forma incisiva e inspirada que se conhece o verdadeiro espírita pela transformação moral pela qual ele passa, o homem velho do passado, cheio de vícios e defeitos, paixões e impulsos animalizados, transmutando-se no homem novo moralmente reformado, voltado agora para a vida virtuosa, preocupado com a conduta e as realizações próprias desse campo; o homem do mundo tornado, por esforço próprio, discípulo do Cristo, propagador consciente e corajoso de seus ensinamentos redentores. Sim, porque quem exemplifica propaga.

Assim, pois, resumindo e repetindo diremos que a finalidade principal do espiritismo é a evangelização e o esclarecimento das almas e que todas as demais modalidades ou aspectos do problema são secundários e decorrentes.

Resta ainda explicar como o Consolador, que também é o espiritismo, tem imensa tarefa a realizar no campo da caridade evangélica sendo, mesmo, um dos seus mais expressivos lemas este de "Fora da Caridade não há salvação".

Este lema é profundamente verdadeiro porque todo homem evangelizado tem a caridade como um impulso natural e espontâneo do seu coração; entretanto, é também certo e evidente que a prática da caridade não resolve o problema da redenção humana (que tem muitos outros aspectos).

Esta é a razão pela qual dissemos que o exercício da caridade material é finalidade secundária, decorrente da finalidade principal.[22]

Para finalizar diremos que o espiritismo redimirá a humanidade se conseguir evangelizá-la e essa evangelização depende toda inteira do esforço de reforma íntima dos seus adeptos.

[22] Transcrição do livro *Trabalhos Práticos de Espiritismo*, parte integrante da coletânea *Prática Mediúnica* do mesmo autor.

XIV

MUITO JÁ FEZ...

O espiritismo, essa religião-ciência que fez estremecer pela base as religiões fundadas em dogmas e concepções obsoletas, que além de ser o cristianismo revivido em nosso tempo em espírito e verdade, esclarecendo os homens sobre as realidades da vida espiritual aquém e além-túmulo; que além de operar a reforma íntima dos indivíduos, condição essencial para a reforma moral do mundo; que além de ampliar a limites muito amplos os conhecimentos espirituais acumulados até a presente época pelo homem planetário, ainda fez mais:

- Revelou a existência de seres encarnados e desencarnados, habitando as diferentes esferas celestes, quando as religiões anteriores somente fizeram a este respeito referências vagas, sem nunca estabelecer detalhes ou revelar aspectos objetivos desta fundamental verdade cósmica.

- Destruiu mitos e lendas inumeráveis, com foros de verdade religiosa; afastou superstições de muitas espécies, colocando em seu lugar leis universais sem nenhum caráter de sobrenatural ou maravilhoso.

- Tornou realidade o intercâmbio entre mortos e vivos, habitantes de esferas diferentes de vida, retirando assim das mãos da classe sacerdotal o privilégio de tratar com a Divindade e se dizer única intermediária entre os homens e Deus.

• Libertou o povo dessa servidão e pelo exercício da mediunidade, que se está generalizando e tornando popular, provou que os verdadeiros intermediários são aqueles que possuem faculdades próprias para isso e não sacerdotes no uso de simples investiduras humanas.

• Deu a todos os homens uma segurança própria e muito grande em lidar com as coisas do espírito, porque estão elas agora colocadas ao seu alcance.

• Tornou fáceis e simples as relações entre o homem e Deus, permitindo-lhe realizá-las por si mesmo, como o Cristo ensinou, sem necessidade de fórmulas, ritos e cerimônias espetaculares e fúteis ou atos de puro ritualismo.

• Livrou o homem dos mistérios e dos temores da morte e deu-lhe esperanças indestrutíveis de salvação e de vida melhor, colocando tudo isso ao seu alcance por ato de seu próprio livre-arbítrio.

• Reconduziu o coração humano para o Cristo, pelo ensino e pela prática sincera e leal de seu Evangelho e assim reabilitou para sempre o nome já tão deturpado e mal empregado do cristianismo.

• Feriu de morte o materialismo, porque apresentou provas esmagadoras da imortalidade e das reencarnações e abriu à ciência positiva um campo imenso de experimentações psicodoutrinárias, acabando assim com os milagres que podem ser agora compreendidos à luz de leis naturais.

Quem até o dia de hoje conseguiu tanto?

Qual religião ou filosofia conseguiu, como o espiritismo, afrontar a crítica humana nos terrenos moral, filosófico e científico sem temor de qualquer avaria na sua estrutura fundamental?

Qual delas conseguiu, como o espiritismo, marcar uma

data tão decisiva no movimento espiritual do mundo? Dirão: o Cristo marcou. Sim, nós o sabemos mas o espiritismo, justamente, prega o Cristo, segue o Cristo, tem o Cristo como guia e como alvo. Pois desse cristianismo do Cristo o espiritismo é a mais avançada expressão, a mais fiel, a mais sincera, a mais dinâmica.

Quem como o espiritismo pode falar em nome dos mortos e dos vivos, isto é, dos habitantes deste mundo e dos outros mundos?

Quem como ele pode dizer que está difundido como semente em todas as correntes ideológicas, cujas bases fundamentais são também as bases fundamentais de todas as outras?

Qual deles como o espiritismo pode afirmar sua universalidade?

A vedanta diz que é universal e no entanto só é praticada e compreendida por adeptos hindus. O budismo quer ser universal mas da mesma forma só é seguido no Oriente. A teosofia quer unir todas as crenças numa só mas no entanto, arcabouço construído pela mão do homem, que pode ela oferecer que satisfaça a todos os paladares, ressoe em todos os ouvidos, responda a todas as aspirações da alma humana?

O espiritismo como sombra benéfica cobre toda a humanidade, é uma herança comum de todos os homens de hoje como de amanhã; como uma luz redentora ilumina o passado, o presente, o futuro e todo o gênero humano. É bálsamo para todas as dores, esperança para todos os desenganos, manancial inextinguível de benefício para todos os encarnados e desencarnados, luz para todas as trevas, consolação para todos os aflitos ricos ou pobres, grandes e pequenos, sábios ou ignorantes.

SÉRIE EDGARD ARMOND

Sempre Bons Livros e Muito Conhecimento à Luz da Doutrina Espírita.

Os Temas Mediúnicos

best seller

Mediunidade
Seus aspectos, desenvolvimento e utilização

Desenvolvimento Mediúnico
Um roteiro perfeito para o bom funcionamento da mediunidade.

Métodos Espíritas de Cura
Métodos espíritas de cura, o funcionamento da mente e repercussões espirituais. As cores e a aura.

Prática Mediúnica
Levantamentos sobre a realidade da prática mediúnica e melhores direcionamentos a respeito.

best seller

Passes e Radiaçõe
Métodos de cura e tratamento espiritual.

Os Romances e a História Espiritua da Humanidade

Amor e Justiça
Conflito de um casal entre os erros da vida passada e o momento atual.

Às Margens do Rio Sagrado
A Índia como um cenário de evolução espiritual.

A Dupla Personalidade
Estudo de um caso de regressão de vidas passadas.

Na Cortina do Tempo
Sobreviventes salvos da Atlântida preservam seus conhecimentos destinados à posteridade.

Almas Afins
A trajetória de Espíritos afins desde a submersa Lemúria até os dias atuais.

A Hora do Apocalipse
Esclarecimentos sobre a polêmica virada do milênio.

best seller

Os Exilados da Cape
A formação e evolução c raças no planeta Terra.

Conheça também nossas edições em espanhol:
Los Desterrados de Capella; El Redentor; Pases y Radiaciones; Mediumnidad; Entendiendo el Espiritismo; El Libre Albedrío Métodos Espíritas de Cura; Iniciación Espírita.

Os Temas Doutrinários e Evangélicos

Relembrando o Passado
Casos diversos vividos em 35 anos
de experiências doutrinárias.

Comentários Evangélicos
Comentários evangélicos
pelo dr. Bezerra de Menezes.

Verdades e Conceitos I e II
O ideal de Aliança em
importantes resoluções
históricas.

O Livre-arbítrio
O livre-arbítrio e a evolução
do Espírito são aqui dissecados
na lógica espírita.

Religiões e Filosofias
Estudo comparado entre
as religiões e filosofias
de ontem e de hoje.

Respondendo e Esclarecendo
Resposta a centenas de
questionamentos sobre
Doutrina Espírita.

Semeadura I e II
Temas doutrinários abordados
com objetividade e clareza..

Enquanto é Tempo
Pontos essenciais da
Doutrina dos Espíritos.

Salmos
Enaltecimento à evolução
e à reforma íntima pelo
Evangelho.

Mensagens e Instruções
Importantes mensagens
de Edgard Armond aos
voluntários espíritas.

Lendo e Aprendendo
Mais temas doutrinários,
com índice remissivo de
Semeadura I e II.

Na Seara do Evangelho
Focaliza assuntos
da vivência diária, com
explicações doutrinárias.

O Redentor
Vida, obra e
ensinamentos do
Mestre da Galiléia.

Tiradentes Missionário
Prosa e verso sobre o momento
espiritual da Inconfidência
e Tiradentes missionário.

Falando ao Coração
Coletânea com orientações
que auxiliam na transformação
do homem-velho para o homem-novo.

O Espiritismo e a Próxima Renovação
Coletânea de estudos
doutrinários abordando
temas diversos.

Se deseja que seu grupo espírita receba informativos e os novos lançamentos da área editorial de evangelização infanto-juvenil desta editora, por favor preencha os dados abaixo e envie-os para:
Editora Aliança, Rua Francisca Miquelina, 259 – Bela Vista – São Paulo – SP – CEP 01316-000

Qual a Casa Espírita que frequenta:

End.: Nº

Bairro Cidade: Est.:

CEP: Fone (contato):

A Casa possui Evangelização Infanto-juvenil? ☐ Sim ☐ Não

Responsável:

Quantas crianças atende normalmente? Quantos evangelizadores possui?